東京電機大学出版局

学生のための Java GUI プログラミング

オブジェクト指向の実践

増田英孝 著

東京電機大学出版局

まえがき

本書では，コンピュータ上のアプリケーションのユーザインタフェースとして一般的になっている，GUI（Graphical User Interface）の基本概念および構成方法について学び，プログラミング演習を通して基礎技術を習得することを目的とする。キーボード入力とコンソール出力を用いるCUI（Character User Interface）とは異なり，ユーザ操作によって発生するイベントを解釈してプログラムの断片を起動するイベント駆動型のプログラミングについて学ぶ。またプログラミングに必要なGUIクラスライブラリの基本的な利用方法についても学ぶ。

読者には，Java言語の基本的なプログラミング経験があり，オブジェクト指向の基本概念を理解し，UML（Unified Modeling Language）の各種の図の読み書きができることを想定している。学習目標は，

①GUIプログラミングの基本概念であるイベント駆動型プログラミングを実践できる

②基本的なGUIクラスライブラリの利用方法を説明できる

③実際にGUIアプリケーション開発に学習した内容を応用できる

ことである。GUIプログラミングは，オブジェクト指向技術を適用したよい成功例であり，オブジェクト指向プログラミングの実践・応用として位置付けることができる。

JavaのGUI開発フレームワークは3種類ある。

- AWT（Abstract Windowing Toolkit）
- Java Swing
- JavaFX

AWTはJDK1.0から標準のクラスライブラリとして含まれ，異なるプラットフォーム間で利用できるようになっているが，OSのウィンドウシステムに依存したデザインとなる。

SwingはJFC（Java Foundation Classes）の一部であり，JDK1.2から標準で含まれるようになった。AWTを拡張し，プラットフォーム非依存にし，ルックアンドフィールの切り替えや，さらに高度なコンポー

ネントが用意され，柔軟性も高くなっている。

　JavaFXはJDK8の一部となり，AWTやSwingよりGUI開発を容易にするために導入された。FXMLと呼ばれるXMLとCSSを併用してデザインを記述する。SwingはJavaFXに置き換えられる方針であったが，JDK11からJavaFXはJDKに同梱されなくなったため，OpenJFXを利用することになった。

　本書ではGUIプログラミングの基礎を学習するためにSwingをベースとして用いる。GUIプログラミングの習得にはSwingを用い，実践にはJavaFX（OpenJFX）を活用してほしい。

　なお，本書は東京電機大学学術振興基金の援助を得て刊行した。

2024年12月

増田　英孝

目 次

サポートページのご案内

本書で使用したソースプログラムをダウンロードできます。

https://web.tdupress.jp/downloadservice/ISBN978-4-501-55790-4/

オブジェクト指向の用語と UML の図の説明

本章では，本書を読み進めるにあたって必要となるオブジェクト指向の概念と UML (Unified Modeling Language) の3種類の図について説明する。用語や図の読み方について確認しておいてほしい。

0.1　オブジェクトとクラス

オブジェクト指向（Object-Oriented）技術では，オブジェクト（object）と呼ばれる対象が基本単位となる。オブジェクトに仕事を依頼するためには，メッセージ（message）を送る必要がある。オブジェクトはメッセージを受け取ると，オブジェクト内でメッセージに対応した処理を行う。個々のオブジェクトをまとめた概念をクラス（class）と呼ぶ。まず，設計図であるクラスを定義し，クラスからオブジェクトを生成し，生成したオブジェクトにメッセージを送ることによって仕事をさせる。

UML (Unified Modeling Language：統一モデリング言語) は，オブジェクト指向技術に関する各種の図から構成されており，OMG（Object Management Group）という非営利団体が標準化を行っている。基本的な図として，クラス図（class diagram）とオブジェクト図（object diagram）が用意されている。クラス図では，クラスを矩形で表し，クラス名，属性（attribute：Javaではフィールド（field）），操作（operation：Javaではメソッド（method））を順に記述してクラスの構造を表現する。オブジェクト図でもオブジェクトを矩形で表し，オブジェクト名には下線を引いてクラスと区別し，オブジェクト名と合わせてクラス名を表示する。オブジェクト名とクラス名の間は：を用いて区切る。オブジェクトには属性を値とともに記述してもよい。図0.1(a)にクラス図の一般形，図0.1 (b) にオブジェクト図の一般形を示す。図0.2にはクラス図とオブジェクト図の例を示す。クラスでは属性の名前と型を定義し，オブジェクトでは属性の具体的な値を持つ。クラスから複数のオブジェクトを生成することができる。このことをインスタンス化（instantiation）という。クラスからオブジェクトを生成する際の初期化処理は，コンストラクタ（constructor）に記述する。

	クラス名	
属性名 ： 型		
操作名(引数名 ： 型)： 戻り値の型		

(a)

オブジェクト名 ： クラス名
属性名 ＝ 値

(b)

図0.1　クラス図とオブジェクト図の一般形

　図0.2(a)に例としてPointクラスを示す。クラス名がPointであり，属性はint型のxとyがあることがわかる。操作は，getX()がパラメータなしで戻り値double，getY()もパラメータなしで戻り値doubleであることがわかる。

　図0.2(b)は，Pointクラスから2つのPointオブジェクトを生成した例である。p1という名前のPointクラスのオブジェクトは，属性としてxが10，yが10である。p2という名前のPointクラスのオブジェクトは，属性としてxが100，yが50であることがわかる。オブジェクトには操作の記述は必要ない。

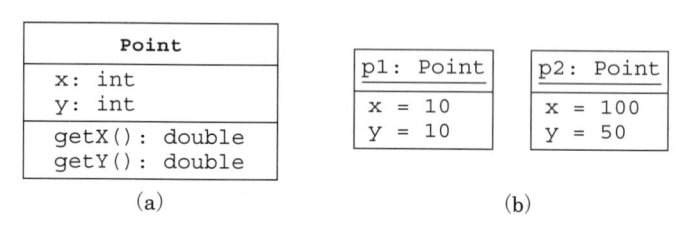

図0.2　クラス図とオブジェクト図の例

　クラスとオブジェクトを対比させる場合に，オブジェクトのことをインスタンス（instance）と呼ぶことがある。オブジェクトの属性と操作はそれぞれインスタンス変数（instance variable），インスタンスメソッド（instance method）と呼ぶこともある。クラスに固有の属性と操作も定義でき，クラス変数（class variable），クラスメソッド（class method）と呼ぶ。

　Javaではstatic修飾子を付したフィールドやメソッドは，クラスのフィールドおよびメソッドとして扱われる。加えてクラス図では属性および操作に下線を付して，クラスの属性や操作であることを示す。また，Javaでは，クラスでよく使われる定数を値の変更できないクラス変数として用意する。とたえば，基本的な数値処理を行うための Math クラスでは，

```
public static final double E = 2.718281828459045235;
public static final double PI = 3.141592653589793238;
```

の2つのクラス変数が定数として定義されている。final修飾子を

フィールドに付けると値を変更できない定数として扱うことができる。publicについては後述のアクセス制御で説明する。Javaでは，定数はEやPIのように慣例としてすべて大文字の名前を使う。Math.PIのように，クラス名.変数名 で値を参照することができる。

さらにJavaでは，複数の定数を1つの型としてまとめておくことができる列挙型（enum型）を使うことができる。名前を宣言した順に0から始まる連番が与えられる。一般形は以下のとおりである。

```
enum 列挙型名 {
        列挙定数1，列挙定数2,...，列挙定数n
}
```

具体的な例として，季節を表すSeason型は以下のように宣言することができる。

```
enum Season {
        SPRING,  SUMMER,  AUTUMN,  WINTER
}
```

以下のようにSeason型を利用できる。

```
Season myFavoriteSeason = Season.SPRING;
```

また，フィールドやコンストラクタの定義を行えば，初期値に個別の値を定義することもできる。

0.2　オブジェクト間の関係

オブジェクトはほかのオブジェクトにメッセージを送って仕事を依頼する。オブジェクトは自分自身にメッセージを送ることもある。複数のオブジェクトが協調動作するためには，メッセージを送るオブジェクトがメッセージを受け取る相手のオブジェクトを知らなければならない。オブジェクト間の関係（relationship）は次の4種類がある。

①関連（association）：あるオブジェクトがあるオブジェクトにメッセージを送ることができる関係

②集約（aggregation）：あるオブジェクトが別のオブジェクトを含む関係，has-a関係やpart-of関係とも呼ぶ

③合成（composition）：集約の特別な場合で，互いのオブジェクトの寿命が一致する関係

④依存（dependency）：あるオブジェクトが別のオブジェクトを一時的に利用する関係

これらの関係は，オブジェクト同士の関係であるが，クラス図として

表す。図0.3にこれらの関係をクラス図で示す。クラス間の関係のみに着目している場合には，属性や操作は省略されることもある。

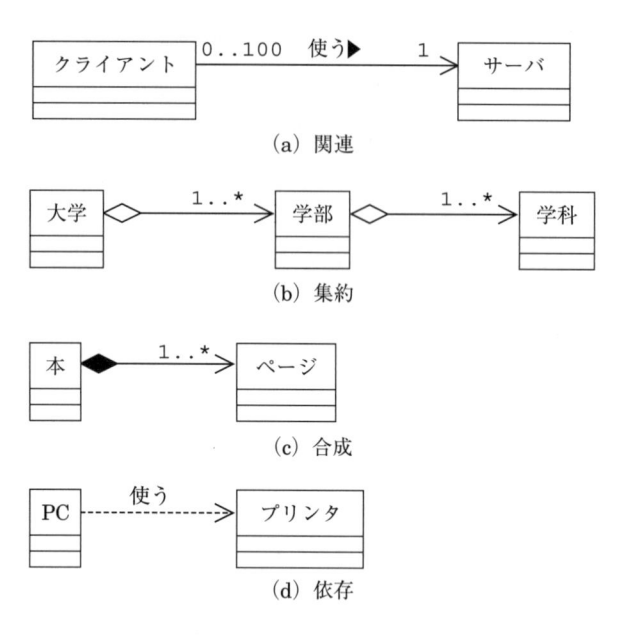

図0.3　各種関係のクラス図の例

　図0.3（a）のように，関連は実線で示し，この例ではクライアントのオブジェクトがサーバのオブジェクトにメッセージを送って使うことができることを示す。メッセージが一方向の場合は矢印で方向を示し，双方向の場合は両方に矢印を付けるか，矢印を省略する。関連には名前と方向を表す三角を付けることができる。関連の両端には，オブジェクトの役割を示すロール（role）および多重度（cardinality）を付けることもできる。多重度はあるオブジェクトがあるオブジェクトといくつの関係を持つことができるのかを示す。この例ではサーバのオブジェクトと関連するクライアントのオブジェクトの数は，最小が0，最大が100であることを示す。任意の数は*，0または1の場合には，0..1と表す。図0.3（a）のクライアントから見たサーバの多重度は1となっているが，1つの数値のみを書いた場合は厳密にその数となる。

　集約および合成は，全体側に菱形を用いた実線で表す。合成の場合は菱形を塗りつぶす。図0.3（b）は，大学は学部を持ち，学部は学科を持つ例を示す。大学が全体，学部が部分を担う。また，学部が全体，学科が部分ともなっている。この例では大学は学部や学科の再編などが行われて入れ替わることがあるため，集約として表している。

　図0.3（c）は合成の例である。本はページを持つが，一般的に本が生成されると同時にページも生成され，本が破棄されるとページも同時に

破棄される。このようにオブジェクトの寿命が同じ場合に合成として表すことがある。集約および合成の全体側の多重度は基本的に1なので，図では多重度を省略している。一般的に，全体は部分を知っているが，部分は全体を知らないため，これらの例では部分方向に矢印を付けている。

図0.3 (d) に示す依存は，あるオブジェクトが一時的に別のオブジェクトを使用する関係である。PCが一時的にプリンタを利用する例として示した。依存は破線で示す。

図0.4にオブジェクト図の例を示す。図0.4 (a) はサーバクラスのオブジェクト「サーバ1」が単独で存在していることを示す。図0.4 (b) は「サーバ2」オブジェクトに3つのクライアントオブジェクト「クライアント1」「クライアント2」「クライアント3」が関連していることを示す。オブジェクトは実体を1つ表しているので，関連に多重度はない。また，図0.4 (a) の「サーバは単独で存在できる」，図0.4 (b) の「クライアントは必ず1つのサーバと関連する」と注記した部分はノートと呼ばれる記法である。

図0.4 (c) は，大学・学部・学科の集約の関係を表している。大学オブジェクトは1つ以上の学部オブジェクトを構成要素として持つ。同様に，学部オブジェクトは1つ以上の学科オブジェクトを持つ。このように複数のオブジェクトが組み合わさったオブジェクトを複合オブジェクト (complex object) と呼ぶ。

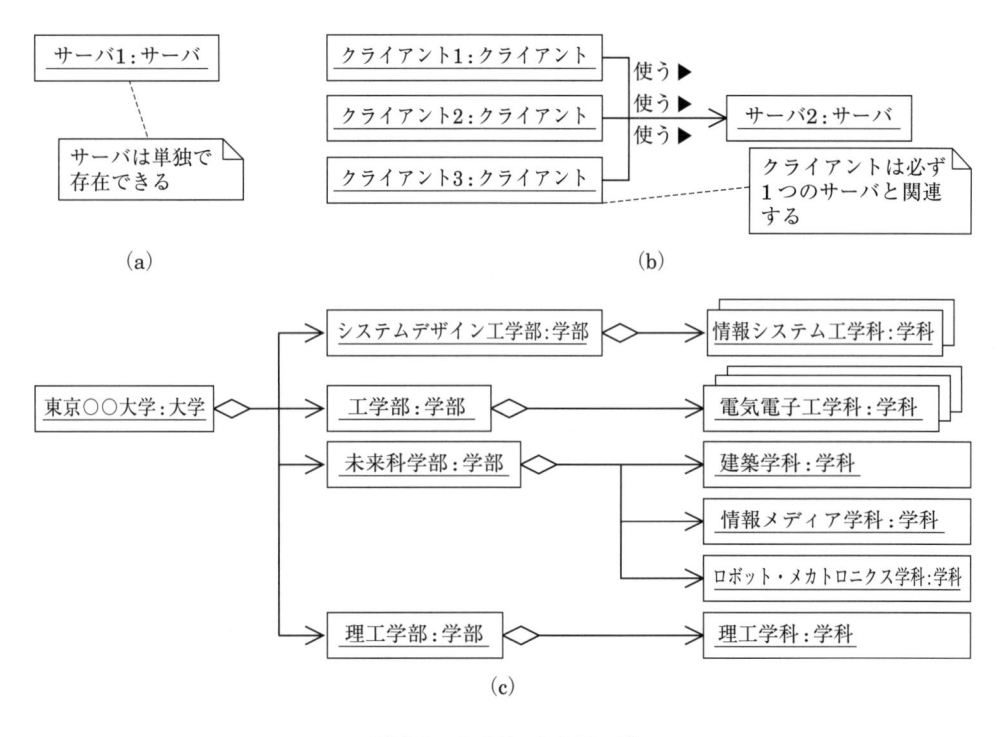

図0.4　オブジェクト図の例

図0.3のクラス図と図0.4のオブジェクト図を見比べて，クラス図とオブジェクト図の違いを復習しておこう。オブジェクト図は実体同士の関係を表すので，オブジェクトとオブジェクトの間の関係はありとあらゆる組み合わせが出てくる可能性がある（たとえば多重度が0..*であれば0以上のオブジェクトと関係し上限はない）。そこで，オブジェクト間の関係を，代表してクラス間の関係として多重度を指定した図がクラス図となる。

0.3　継承

クラスとクラスの間の関係である継承（inheritance）は，あるクラスの属性や操作を，ほかのクラスが引き継ぐという関係である。スーパクラス（superclass：上位クラス）からサブクラス（subclass：下位クラス）を設計することを継承するという。Javaでは拡張する（extends）という。派生された（derived）と表現するプログラミング言語もあり，スーパクラスを基底クラス（base class），サブクラスを派生クラス（derived class）と呼ぶこともある。サブクラスはスーパクラスの一種である（a kind of）ことが多いため，is-a関係とも呼ばれる。近年のプログラミング言語ではスーパクラスが1つだけの単一継承（single inheritance）のみをサポートしていることが多い。Javaは単一継承の言語である。

図0.5では，学生クラスとTA（Teaching Assistant）クラスの継承の例を示す。継承の関係は，スーパクラス側に三角形を付した実線で表す。TAは授業の補助をするという特別な学生の一種である。一般的なクラスを継承して特別なサブクラスを設計することを特化（specialization）と呼ぶ。

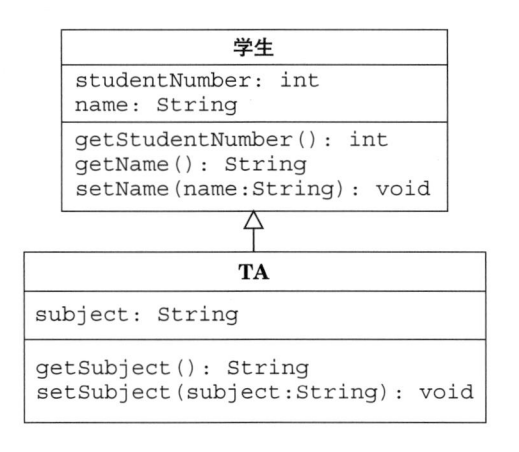

図 0.5　継承の特化の例

学生クラスは学籍番号と氏名を属性として持ち，学籍番号を答える操作，氏名を答える・設定する操作がある。TAクラスはこれらに加えて独自の担当科目の属性と担当科目を答える・設定する操作がある。サブクラスでは，スーパクラスの属性と操作を引き継ぐことができる。

　継承のもう1つの使い方として，汎化（generalization）がある。複数のクラスの共通部分をスーパクラスとして抽出する。この場合，スーパクラスは抽象クラス（abstract class）とすることがある。抽象クラスは，通常のメソッド（concrete method：具象メソッド）のほかに，抽象メソッド（abstract method）を定義することができる。抽象メソッドは，戻り値の型とメソッドのシグネチャ（signature）の部分だけを定義し，メソッド本体がないメソッドである。メソッドのシグネチャとは，メソッドのメソッド名とパラメータの並びの組の部分である。サブクラスでは必ず抽象メソッドを実装しなければならない。図0.6にJavaのNumberクラスの汎化の例を示す。クラス図では，抽象クラス名と抽象メソッドは斜体で表す。Numberクラスは数値一般を表す抽象クラスで，各種の抽象メソッドが定義されている。Shortクラス，Integerクラス，Doubleクラスは具象クラス（concrete class）であり，Numberクラスで定義されている抽象メソッドを，それぞれのクラスで適切に動作するように実装がなされている。0.7節で説明するポリモフィズムを実現するための1つの方法である。

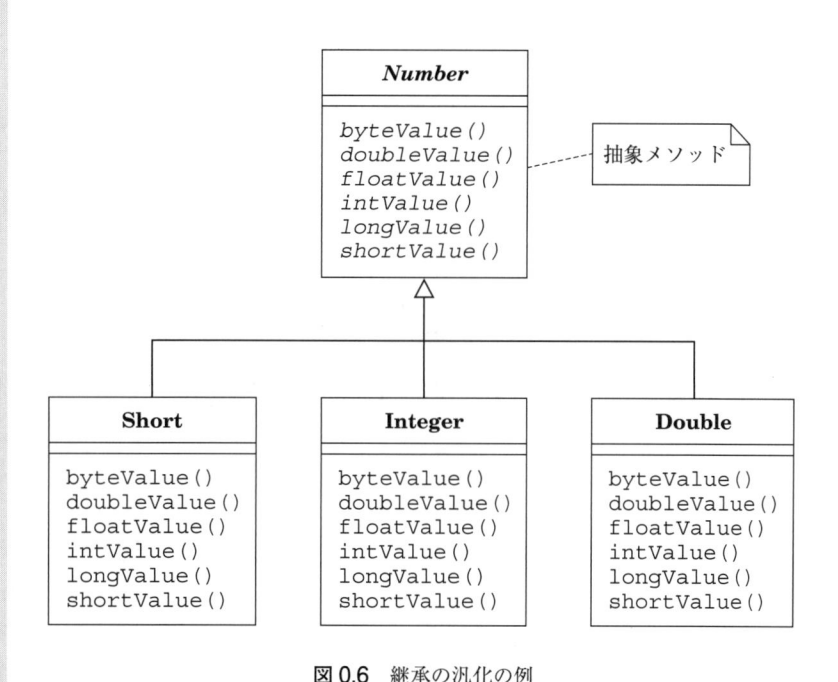

図0.6　継承の汎化の例

　サブクラスでスーパクラスのメソッドを上書きすることをメソッドのオーバライド（override）という。スーパクラスで定義されたメソッドの動作をサブクラスで上書きして変更することができる。Java では，メソッドをオーバライドする場合には@Overrideアノテーション（注釈）を付けておくとコンパイラがチェックしてくれるので安全である。

　なお，Javaでは，thisを使うと自分自身からメソッドサーチを始める。superというキーワードを使用すると，スーパクラスから対応するメソッドを探し始める。サブクラスからオーバライドされたスーパクラスのメソッドを呼び出すには，superを用いる。

　似た用語にメソッドのオーバロード（overload）がある。こちらは同名のメソッドで，パラメータの数や並びが異なるメソッドを多重定義できる仕組みである。

0.4　パッケージ

　パッケージ（package）はクラス名が衝突しないようにするための名前空間（naming space）を管理する仕組みである。Javaでは，package文でパッケージを宣言し，import文でパッケージを取り込むことができる。import文を用いると，完全限定名（fully qualified name）を使わずに，クラス名だけを指定して利用できる。たとえば，ArrayListクラスの完全限定名はjava.util.ArrayListであるが，

```
 import java.util.*;
```
または
```
 import java.util.ArrayList;
```

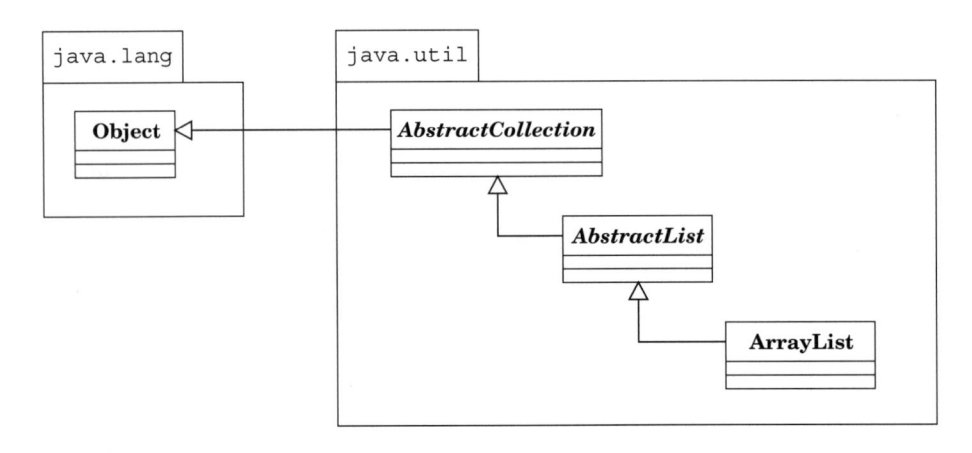

図 0.7　パッケージの表記例

と記述しておけば，そのファイル内では`ArrayList`と記述するのみで参照が可能となる。

　図0.7は`ArrayList`クラスの継承関係（class hierarchy：クラス階層）をパッケージも含めて図示した例である。パッケージは矩形の上部にパッケージ名を付して表す。クラス`Object`は `java.lang`パッケージに所属し，`AbstractCollection`クラス，`AbstractList`クラス，`ArrayList`クラスは`java.util`パッケージに所属していることがわかる。

0.5　アクセス制御

　クラスおよびクラスの属性と操作を公開する範囲を制御する仕組みがアクセス制御（access control）として用意されている。表0.1にJavaとUMLの表記と公開範囲を示す。図0.8にクラス図にアクセス制御を反映した例を示す。

表0.1　アクセス制御の記述方法

Javaの修飾子	UMLの記号	範囲
`private`	-	そのクラスの内部だけからアクセス可能
なし	~	同じパッケージのクラスからアクセス可能
`protected`	#	同じパッケージのクラスまたはサブクラスからアクセス可能
`public`	+	すべてのクラスからアクセス可能

```
         AccessControl

-privateField: int
#protectedField: int
+publicField: int
~packageField: int

-privateMethod(): void
#protectedMethod(): void
+publicMethod(): void
~packageMethod(): void
```

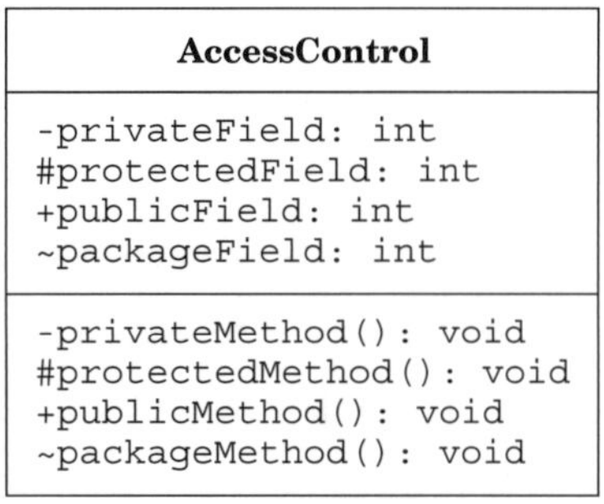

図0.8　アクセス制御の表記例

　図0.8では`AccessControl`クラスの属性と操作の左側に，対応する記号が書かれていることを確認してほしい。

0.6 インタフェースと実装

　抽象クラスでは抽象メソッドと具象メソッドの両方を定義することができた。Javaでは，この考え方をさらに進めて，抽象メソッドのみを定義するインタフェース（interface）の仕組みが用意されている（現在は具象メソッドの定義も可能）。インタフェースを利用すると，継承関係にはないクラスであっても，同じメッセージ（同一のメソッドのシグネチャ）を受け付けることができることが保証できる。0.7節で説明するポリモフィズムを実現する2つ目の方法である。

　たとえば，ボーイング787は飛行機の一種であり，ツバメは鳥の一種である（継承の関係）。また，ボーイング787もツバメも飛ぶことができる。このように，継承の関係にはないクラスであるが，同じ「飛ぶ」という操作を受け付けることができるクラスが必要になる場合にインタフェースの仕組みを利用できる。

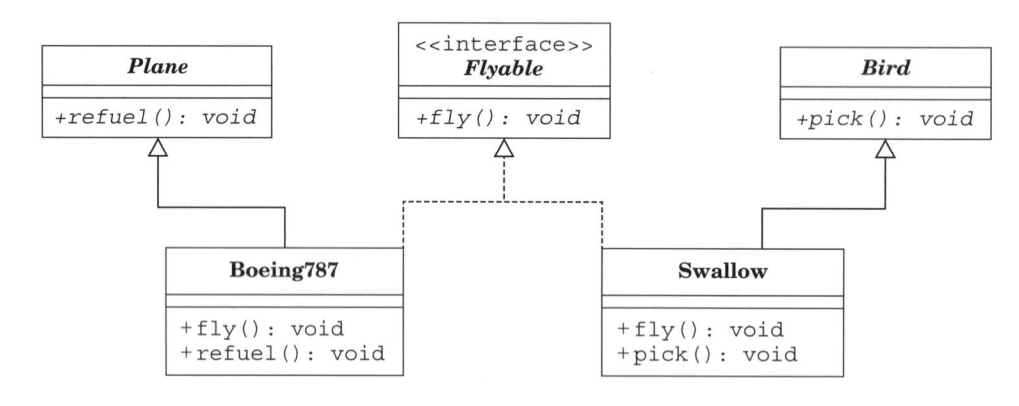

図 0.9　インタフェースと実装クラスの例

　図0.9にインタフェースとそのインタフェースを実装したクラスの例を示す。クラス図にはインタフェースを表す記法はないため，クラスにステレオタイプ（stereotype）という特別な表記方法を用いて表す。Flyableはインタフェースであり，インタフェースは抽象化のために斜体となり，ステレオタイプとして<<interface>>を名前の上に付けて示す。メソッドも抽象メソッドとなるため斜体である。インタフェースは抽象メソッドの集まりのため，動作させるには実装クラス（implementation class）が必要となる。抽象クラスと同様に，実装クラスでもインタフェースで宣言されたすべての抽象メソッドを実装する必要がある。この例では抽象メソッド fly() を，実装クラス Boeing787

クラスとSwallowクラスの双方で実装している。インタフェースと実装の関係はインタフェース側に三角形を付した破線で表す。なお，図0.8の例では，PlaneクラスとBoeing787クラス，BirdクラスとSwallowクラスは継承の関係である。Boeing787クラスは，Planeクラスを継承し，Flyableインタフェースを実装していることがわかる。なお，継承と異なり，インタフェースを複数実装するクラスも作成できる。

0.7　ポリモフィズム

　ポリモフィズム（polymorphism：多態性，多相性）はオブジェクト指向技術で重要な概念である。プログラムの実行時に，異なるオブジェクトに対して同一のメッセージ送信を行った際に，メッセージを受けたオブジェクトの種類（クラス）によって，適切なメソッドが呼び出される仕組みである。共通のスーパクラスの型またはインタフェースの型の変数に，そのサブクラスのオブジェクトまたはその実装クラスのオブジェクトを入れることができる。

　図0.9の例では，Flyable型の変数にはBoeing787クラスのオブジェクトもSwallowクラスのオブジェクトも代入することができる。その変数にflyメッセージを送った場合に，Boeing787クラスのオブジェクトであればBoeing787のfly()メソッドが呼び出され，SwallowクラスのオブジェクトであればSwallowのfly()メソッドが呼び出されることになる。ポリモフィズムは実行時にオブジェクトに対応する適切なメソッドが呼び出される仕組みである。抽象クラスを継承したクラスおよびインタフェースを実装したクラスは，必ず抽象メソッドが実装されていることが保証されるので，ポリモフィズムが安全に実現できる。

0.8　無名内部クラスと無名関数

　内部クラス（inner class）はあるクラスの内部だけで使われるクラスのことで，Javaではよく使われる。クラス定義の中に別のクラス定義を行う方法である。

　Java 7以前は，メソッドは必ず何らかのクラスに所属していなければならなかった。クラスを定義するためにはクラス名を付ける必要がある。しかし，操作が単純で，クラス名を付けるまでもないクラスを作るという要求もある。Javaでは，このような場合に使うことができる無

名内部クラス（anonymous inner class）が用意されている。名前を持たない拡張クラスやインタフェース実装クラスを定義できる。

```
new 抽象クラス型 () {  無名クラス定義  };
```

```
new インタフェース型 () {  無名クラス定義  };
```

のいずれかで実現できる。クラスを宣言すると同時にオブジェクトも生成する。

　Java 8以降では無名関数（anonymous function）の仕組みであるラムダ式（lambda expression）が導入された。

```
(パラメータの型 パラメータの名前 ,  ...) -> {  式  };
```

として名前のない関数（メソッド）を定義できる。必要なメソッドが1つだけの場合には，無名内部クラスの代わりに利用できる。

0.9　委譲

　あるオブジェクトがメッセージを受け取った際に，別のクラスのオブジェクトに仕事を依頼する委譲（delegation）もオブジェクト指向では重要な概念である。委譲はデリゲーションとも呼ばれる。継承はプログラムのコンパイル時に静的に決まる関係であるのに対して，委譲はプログラムの実行時に割り当てられたオブジェクトによって動作を変更できるため，より柔軟性が高くなる。図0.10にシーケンス図を用いて委譲の例を示す。

　UMLのシーケンス図（sequence diagram）はメッセージの流れを時間順に表現するために使われる。図の上部から下部に向けて時間順にメソッドの呼び出しを記述する。あるクラスのオブジェクトからメソッドを呼び出す際には，実線の矢印で表現する。メソッドから戻る際には破線の矢印で表現する。

　図0.10ではClientクラスのオブジェクト，Serverクラスのオブジェクト，Databaseクラスのオブジェクトがある。それぞれのオブジェクトにはライフライン（lifeline）と呼ばれる破線が伸びている。オブジェクトはメッセージを受け取ると矩形で示される活性化状態となり処理を始める。処理が終わると非活性化状態となり返事を返す。

　Clientクラスのオブジェクトが外部からworkメッセージを受け取ると，Serverクラスのオブジェクトにuseメッセージを送って委譲する。さらにServerクラスのオブジェクトがuseメッセージを受け取ると，Databaseクラスのオブジェクトにqueryメッセージを送って委譲する。このようにシーケンス図を用いるとオブジェクト間のメッセージ送受信

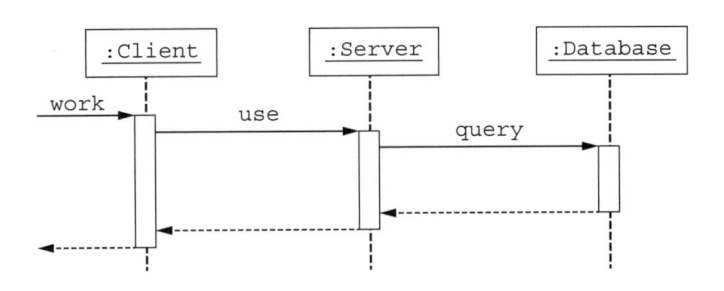

図 0.10　委譲をシーケンス図で示した例

の様子がわかる。メッセージには必要に応じてパラメータや戻り値を書くこともある。

0.10　クラスライブラリ

オブジェクト指向プログラミングでは，ゼロからプログラムを書くことはなく，何らかの既存のクラスを拡張する作業になる。Java では標準のクラスライブラリ (class library) が充実しており，さまざまなパッケージに再利用可能な (reusable) クラスやインタフェースが用意されている。Swing GUI ライブラリ，データベース接続の JDBC (Java Database Connectivity) など，必要なクラス群があらかじめ用意されている。クラス群は関係するクラスの集まりである。これらのライブラリには標準の API (Application Programming Interface) ドキュメント

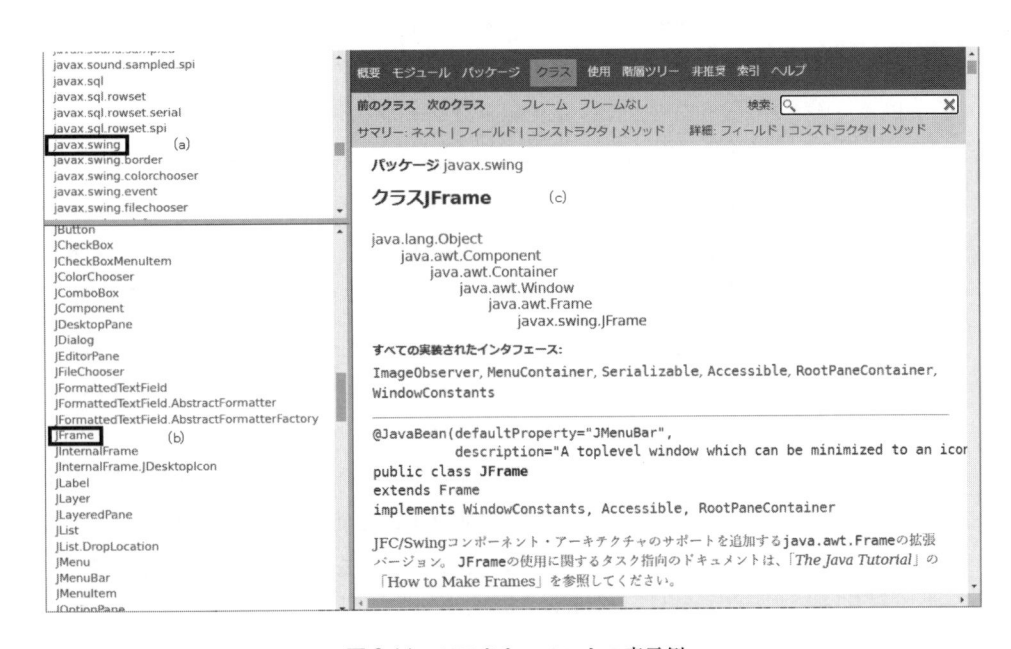

図 0.11　API ドキュメントの表示例

13

が用意されており，プログラムの読み書きには常に参照する必要がある。Javaを配布しているOracle社がドキュメントも公開している（https://www.oracle.com/jp/java/technologies/documentation.html）。読者もダウンロードして手元に置いて参照できるように準備しておこう。図0.11に，`javax.swing`パッケージの`JFrame`クラスの説明を表示した例を示す。図0.11(a)がパッケージ一覧，図0.11(b)がクラスとインタフェースの一覧，図0.11(c)は選択したクラスまたはインタフェースの説明が表示される。また，標準のクラスライブラリ以外にも各種団体やベンダから独自のクラスライブラリが提供されている。

0.11　ジェネリクス

　Javaに限らず多くのプログラミング言語で，ジェネリクス（generics：総称型）の仕組みが用意されている。Javaでは主にコレクションフレームワーク（collection framework）で使われ，型の安全性チェックと再利用性の向上を目的としている。なお，フレームワーク（framework）とは，必要な機能や動作の仕組みをあらかじめ骨組みとして用意したものである。

　コレクション（collection）はオブジェクトの集まりを取り扱うことができるオブジェクトである。たとえば`ArrayList`クラスはサイズ変更可能な配列である。`ArrayList`のAPIドキュメントには，クラス`ArrayList<E>`と表記されており，`E`は要素の型パラメータ（type parameter）である。変数の宣言や，コンストラクタ呼び出しの際に具体的な型パラメータを与える。1つのクラスでさまざまなデータ型を取り扱うことができる仕組みをジェネリクスと呼ぶ。

```
List<String> list = new ArrayList<String>();
```

　上の式は，`String`クラスのインスタンスを要素として保持する`ArrayList`のインスタンスを生成し，`String`クラスのインスタンスを要素として扱う`List`インタフェース型の変数に代入する例である。

```
List<String> list = new ArrayList<>();
```

　Java7からは，型推論（type inference）を行ってくれるため，上の式のように型パラメータの部分を`<>`（diamond operator：ダイヤモンド演算子）として記述すると適切な型パラメータを自動的に設定してくれる。ただし，ダイヤモンド演算子は万能ではないことに注意が必要である。ほかに，任意の型のコレクションを扱うことができるワイルドカード型（wildcard type）`<?>`もある。

　ほかのコレクションクラスの例としては，`HashMap`クラスがある。

HashMapクラスはMapインタフェースを実装したクラスである。キー(key)オブジェクトと値(value)オブジェクトの対応付けであるエントリ(entry)オブジェクトを複数管理できるハッシュ表(hashtable または map)である。キーと値の型パラメータを与えるため，HashMap<K,V>のようにKでキーの型，Vで値の型を指定する。

キーとして文字列，値として整数を扱うHashMapクラスのインスタンスを生成するには以下のように記述する。

```
Map<String, Integer> map
    = new HashMap<String, Integer>();
```

なお，Integerクラスは，int型の値をオブジェクトとして取り扱うことができるようにするためのラッパクラス(wrapper class)である。ラッパには，対象を包み込んで隠すという意味がある。

HashMapクラスのインスタンスを利用するための主なメソッドは以下の2つである。

V	get(Object key)	キー(key)の値を得るメソッド
V	put(K key, V value)	キー(key)に対応する値(value)を設定するメソッド

これらのメソッドを使うことで，オブジェクトとオブジェクトの対応付けを取り扱うことができる。

本節で説明したジェネリクスは，第10章以降で多用するので，必要に応じてここに戻ってほしい。

まとめ

本章では，オブジェクト指向の基本概念とUMLの図について復習した。用語や図について，必要に応じて本章に戻って確認しよう。

GUI プログラミングの概要

　本章では，GUI プログラミングに必要な基礎事項について学ぶ。GUI は Graphical User Interface の略である。画面上に表示されるウィンドウ，アイコン，メニューなどをマウスやタッチパネルなどのポインティングデバイスで操作するユーザインタフェースである。

1.1　GUI の基礎知識

　GUI の技術は直接操作インタフェース（direct manipulation interface）に基づいている。直接操作の特徴は，

- コンピュータと人間とのやり取り（interaction：対話）と関係のあるオブジェクト（対象）を常に画面に表示している
- 実際にオブジェクトに働きかける動作や，メニュー選択によりユーザの指示を入力できる
- 上記2つの操作は速く，可逆的で，結果は直ちにオブジェクトの変化として見ることができる

ことにある。このように，オブジェクトを直接操作しているという感じをユーザに与える。デスクトップやフォルダ，ファイル，ゴミ箱などのメタファ（隠喩）を利用して実世界と同じように操作させることもできるし，実際には存在しない仮想世界を実現することもできる。普段，読者が使用している PC，スマートフォン，タブレット端末，タッチパネル券売機，ATM など，身の回りにあるありとあらゆるシステムの基礎となる技術である。

　GUI にはルックアンドフィール（look and feel）という概念が出てくる。ルックアンドフィールは，それぞれ GUI の見かけであるルック（look）と操作感であるフィール（feel）を意味している。アプリケーションのルックアンドフィールを変えるというのは，アプリケーションプログラムの GUI の見かけや操作方法を変更することである。GUI にはルックアンドフィールを実行時に動的に変更する仕組みも用意されている。

1.2 GUIの構成要素

GUIの構成技術は，オブジェクト指向の応用の成功例の1つである。GUIの作成によく使われる定型的なGUIの部品はあらかじめ用意しておくことができる。JavaではGUIを構成するオブジェクトのことをコンポーネント（component）と呼ぶ。

コンポーネントの具体的な例としては，

- ボタン
- メニュー
- リストボックス
- テキストフィールド
- ダイアログ

などが挙げられる。アプリケーションプログラムの目的に応じて画面を設計し，既存のコンポーネントを選んで組み合わせる。表1.1にAWT（Abstract Windowing Toolkit）コンポーネントの例を示す。AWTはJavaの最も基本的なGUIのクラスライブラリ（class library）である。このように，定型的でよく使われるコンポーネントがクラスとしてあらかじめ用意されている。

表1.1　主なAWTコンポーネント

用途	コンポーネントのクラス名
ウィンドウ枠	Frame
ダイアログ	Dialog, FileDialog
複数コンポーネントの管理	Panel
コマンド実行	Button
グラフィック描画	Canvas
二値選択	CheckBox
択一選択	Choice
択一または複数選択	Choice, List
テキスト表示	Label
数値入力	Scrollbar
複数行テキスト入出力	TextArea
単一行テキスト入出力	TextField

JavaではComponentクラスの下にさまざまなGUIのコンポーネントが用意されている。図1.1はAWTのクラス間の継承（inheritance）関係を示すクラス階層（class hierarchy）の一部である。クラス名が斜体で示されているComponentクラスは抽象クラス（abstract class）であり，コンポーネントに共通な機能がまとめられている。Componentクラス

を継承して，Buttonクラスや Labelクラスなどのさまざまな具象クラス（concrete class）がサブクラスとして実装されている。コンテナと呼ばれる Containerクラスおよびそのサブクラスは別のコンポーネントを含むことができるコンポーネントである。TextComponentクラスはテキストの編集を可能にするすべてのクラスのスーパクラスであり，汎化（generalization）のよい例である。TextAreaクラスと TextFieldクラスが TextComponentクラスのサブクラスとなっている。この図1.1は継承の具体的な使い方のよい例となっている。また，新たな機能を実現するコンポーネントが必要な場合には，あらかじめ用意されているコンポーネントを継承して独自のコンポーネントを作成することもできる。これも継承の利点の1つである。

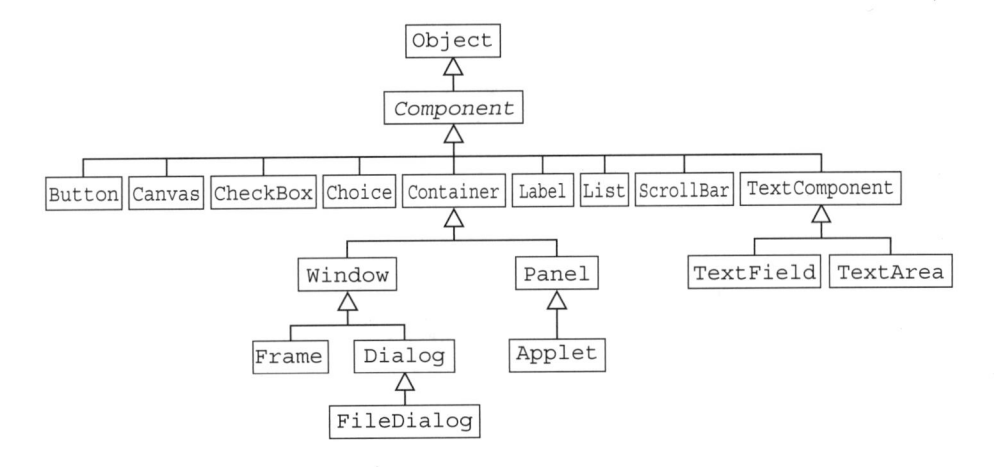

図 1.1 Java の AWT のクラス階層の一部

　GUIプログラミングでは，コンポーネントを組み合わせて GUIのウィンドウ画面を構成する。1つのウィンドウには数多くのコンポーネントが組み合わされている。前述のように，これらのコンポーネントは GUIのクラスライブラリにあらかじめ用意されており，自分が作成するアプリケーションの画面構成に応じて必要なコンポーネントを選択し，そのクラスからコンポーネントを生成して貼り付けていく。パネルという台紙にコンポーネントを貼り付けていくというイメージである。

　図 1.2 に Java を用いて作成した住所録アプリケーションの例を示す。左側のリストボックスに名前の一覧を表示している。リストボックス内の名前を選択すると，右側の4つのテキストフィールドにそれぞれ「name」「address」「tel」「email」を表示する。ほかにも住所情報を再表示（Display），追加（Add），更新（Update），削除（Delete）するボタンも用意している。

　このウィンドウを構成するコンポーネントのオブジェクト図を図1.3

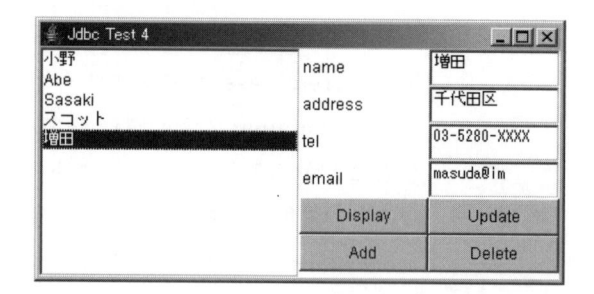

図1.2 ウィンドウの例

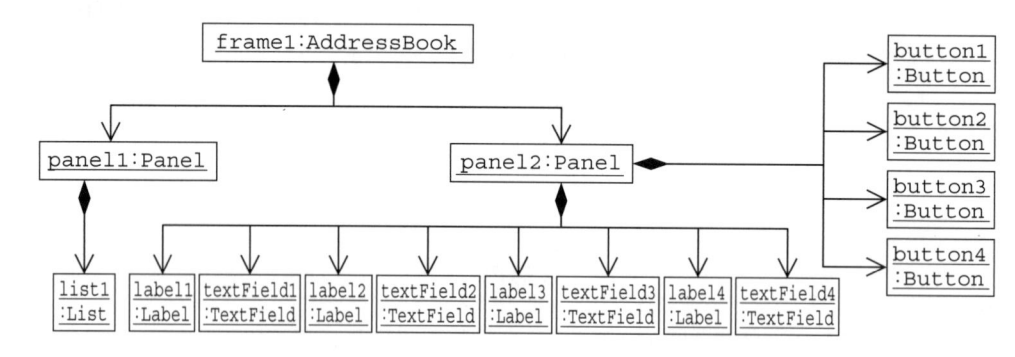

図1.3 ウィンドウを構成するコンポーネントの例

に示す。この例では16個のコンポーネントが使用されていることがわかる。このうち，AddressBookクラスのみが住所録アプリケーションに固有のFrameクラスを継承したコンポーネントであり，そのほかのコンポーネントは既存のクラスから生成されたコンポーネントとなる。ウィンドウの構成方法やコンポーネントの配置方法については，次章以降で詳しく説明するので，もうしばらく待たれたい。

この図からは，

- frame1コンポーネントはpanel1コンポーネントとpanel2コンポーネントを持つ
- panel1コンポーネントはlist1コンポーネントを持つ
- panel2コンポーネントはlabel1からlabel4，textField1からtextField4，button1からbutton4の12個のコンポーネントを持つ

ことがわかる。プログラムを起動してframe1コンポーネントが生成されると同時にほかのコンポーネントも生成され，プログラムを終了してframe1コンポーネントが消えると同時にほかのコンポーネントも消えるため，オブジェクトの寿命が一致する合成（composition）の関係として示している。

ウィンドウは，画面に表示されるとフラットな構造であるように見えるが，図1.4に示すように，ウィンドウの枠であるフレームに複数のコンポーネントをまとめるパネルを載せ，左のパネルにリストボックス，

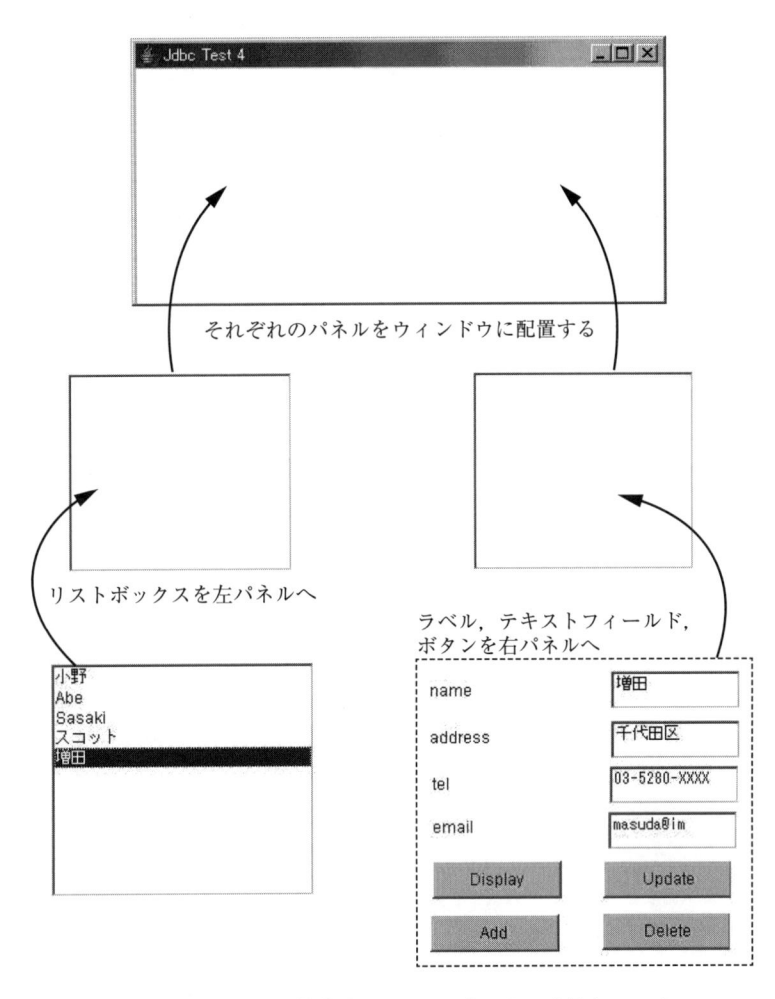

図 1.4　ウィンドウを構成するコンポーネントの配置イメージ

右のパネルに複数のラベル，テキストフィールド，ボタンが貼り付けられて，階層構造になっていることがわかる。図1.3のオブジェクト図と図1.4のイメージ図の対応関係を確認しておこう。

この節では，GUIの見かけの部分について概要を説明した。次はGUIアプリケーションとして動作をさせる方法について見ていく。

1.3　イベント駆動型プログラミング

みなさんは，Javaを用いて，キーボード(標準入力)とコンソール(標準出力)を用いるCUI (Character User Interface)のプログラミングを行ったことがあるだろうか。CUIアプリケーションでは，プログラムを起動すると，起動されたクラスのmain()メソッドに記述したJavaの文を先頭から順に最後まで実行するとプログラムが終了した。

```java
package ex5;

import java.util.InputMismatchException;
import java.util.Scanner;

public class InputInt {
    public static void main(String[] args) {
        Scanner scanner = new Scanner(System.in);
        System.out.println("整数値を入力してください。");
        try {
            int i = scanner.nextInt();
            System.out.println("あなたが入力した値は、" + i + "ですね。");
        } catch (InputMismatchException e){
            System.out.println("型が違います: " + e);
        }
        scanner.close();
    }
}
```

```
<終了> InputInt [Java アプリケーション] C:¥pleiades¥2024-03¥java¥21¥bin¥javaw.exe (2024/03/25 14:14:10 – 14:
整数値を入力してください。
100
あなたが入力した値は、100ですね。
```

図 1.5　CUI アプリケーションの例

図1.5にキーボードから数値を入力するとその値を出力するCUIアプリケーションの例を示す。図の上部がプログラムであり，下部がコンソールである。プログラムの動作を見てみよう。

①プログラムが数値の入力を促す文字列を出力する

②ユーザがキーボードから数値を入力する

③プログラムがキーボードからの入力値をもとに結果を出力する

CUIアプリケーションでは，たとえ条件分岐や繰り返しを使ったとしても，プログラムで決められたとおりに入出力を行ってプログラムが終了する。

一方，GUIアプリケーションでは，プログラムを起動したのちに，ユーザがさまざまなコンポーネントに対してさまざまな操作をさまざまな順番で自由に行うことができる。このような要求に対応できるプログラムを作るために，GUIアプリケーションのプログラミングでは，コンポーネント上でのユーザの操作をイベント（event）という単位に分解して取り扱うことにした。

具体的なイベントの例を示そう。

- マウスボタンが押された
- マウスボタンが離された
- マウスカーソルが領域に入った
- キーボードが押された

などがユーザの操作によって発生するイベントの例である。イベントが発生すると呼び出される処理をイベントハンドラ（event handler）と呼ぶ。プログラマは，どのイベントが発生したらどのイベントハンドラを呼び出すのかを記述することになる。先ほどのイベントの例に右矢印でイベントハンドラの例を追加してみる。

- マウスボタンが押された　→　マウスボタンが押されたときの処理
- マウスボタンが離された　→　マウスボタンが離されたときの処理
- マウスカーソルが領域に入った　→　マウスカーソルが領域に入ったときの処理
- キーボードが押された　→　キーボードが押されたときの処理

このように，イベントに対応する処理をイベントハンドラとして記述して，イベントとイベントハンドラを結び付ける。これをイベント駆動型プログラミング（event-driven programming）と呼び，GUIプログラミングの基礎となる技術である。イベントとイベントハンドラの結び付け方や，イベントを待つ方法はプログラミング言語や実行環境によって異なる。次節ではJavaでのイベント駆動型プログラミングの実現方法を見ていく。

1.4 Javaによるイベントの取得とメッセージの分配

Javaではイベントハンドラはイベントリスナ（event listener）あるいは単にリスナ（listener）と呼ばれる。

JavaでGUIのプログラムを起動すると，AWTのフレームワーク（framework）により常にイベント待ち（event loop：イベントループ）の状態となる。GUIのコンポーネントはユーザがコンポーネントを操作するとイベントを発生する。イベントの発生源のコンポーネントをイベントソース（event source）と呼ぶ。コンポーネントによってイベントの種類や数が異なる。あるイベントが発生したら何をするのかという組み合わせを必要なだけリスナとして用意しておく。図1.6にイベントソースとリスナの関係をオブジェクト図で示す。イベントソースである1つのコンポーネントに3つのリスナを結び付けた例である。

あらかじめイベントソースとイベントリスナを結び付けておくことによって，イベントソースでイベントが発生するたびにリスナのメソッドが呼び出される。図1.7に，1つのイベントソースに1つのリスナが結び付けられている場合のイベント伝搬のイメージをシーケンス図で示す。図では直接イベントソースがリスナにメッセージを送るように表現して

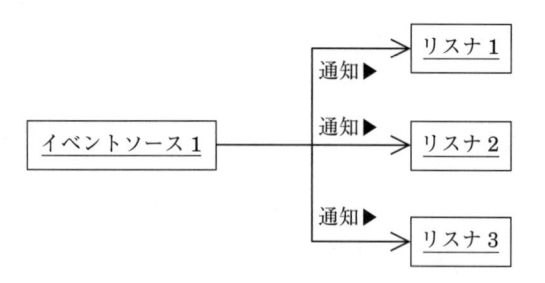

図1.6 イベントソースとイベントリスナ

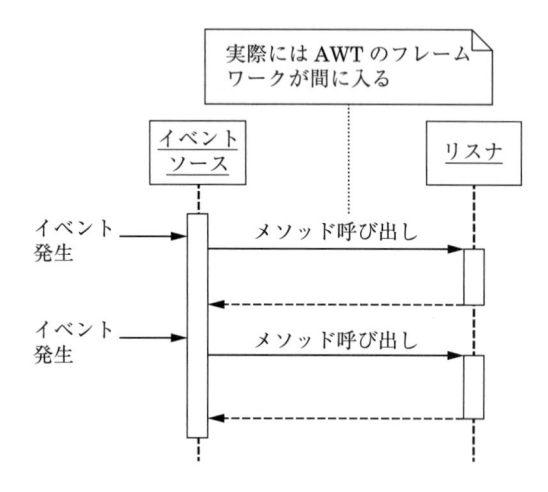

図1.7 イベントの伝搬

いるが，実際にはAWTのフレームワークを通してリスナにイベントの発生が通知されることに注意しよう。

このように，Javaではイベントソースのコンポーネントにリスナを直接実装するのではなく，アプリケーションに実装したリスナをイベントソースに登録するイベントデリゲーションモデル（event delegation model）を採用している。リスナにイベントソースのイベント処理が委譲（delegation：デリゲーション）されたことになる。この仕組みにより，同一のイベントに対して複数のリスナを設定したり，実行時に動的にリスナを切り替えたりすることができる。

Javaではイベントに対応するクラスが用意されている。またJavaでは，リスナはインタフェースとして用意されており，インタフェースを実装するクラスで定められたメソッドを実装する必要がある。表1.2に主なイベントとリスナおよび実装しなければならないメソッドを示す。次に表中の操作の種類の例をいくつか示す。

- コマンド実行：ボタンコンポーネントをマウスでクリックする操作
- フォーカス移動：マウスやキーボードによってコンポーネントが入力権を得る操作

- 項目の選択操作：リストボックスで項目をマウスクリックで選択する操作
- マウスボタン操作およびマウス移動：マウスのボタンクリックや，マウスの移動やドラッグの操作
- テキストの変更：テキスト編集ができるコンポーネントでの文字列編集操作

これらは一例であり，ほかにもコンポーネントによってサポートされる操作がある。

表 1.2 主なイベントとリスナおよびメソッドの例

操作の種類	イベント	リスナ	メソッド
コマンド実行	ActionEvent	ActionListener	`void actionPerformed(ActionEvent e)`
フォーカス移動	FocusEvent	FocusListener	`void focusGained(FocusEvent e)` `void focusLost(FocusEvent e)`
項目の選択操作	ItemEvent	ItemListener	`void itemStateChanged(ItemEvent e)`

マウスボタン操作
 	
および，マウス移動
	MouseEvent	MouseListener	`void mouseClicked(MouseEvent e)`
			`void mousePressed(MouseEvent e)`
			`void mouseReleased(MouseEvent e)`

		MouseMotionListener	`void mouseDragged(MouseEvent e)` `void mouseMoved(MouseEvent e)`
テキストの変更	TextEvent	TextEventListener	`void textValueChanged(TextEvent e)`

イベントソースにはリスナを登録・削除するメソッドが用意されており，実行時に自由にリスナを切り替えることもできる。表1.3に，イベントソースにリスナを登録・削除するメソッドの一般形とActionListenerインタフェースの例を示す。

表 1.3 リスナの登録・削除メソッドの例

一般形	登録	void add リスナ型(リスナ型 el)
	削除	void remove リスナ型(リスナ型 el)
コマンド実行	登録	void addActionListener(ActionListener al)
	削除	void removeActionListener(ActionListener al)

イベントソースにリスナを登録しておくと，イベントソースから発せられたイベントがリスナに伝搬される。以下の * はイベントにより異なる。

① GUIアプリケーションに *Listener インタフェースのメソッドを実装

② イベントソースのコンポーネントに add*Listener() メソッドでリスナを登録

③ ユーザが操作を行うと対応するイベントが生成され，GUIアプリケーションに実装したリスナのメソッドが呼び出される

以上がGUIアプリケーションとして動作させるプログラムに必要な

手順となる。

まとめ

　本章では，GUIプログラミングの基礎について概観した。次章より
サンプルコードをもとに具体例を見ていく。本書では，Eclipse統合開
発環境を使用し，パッケージ名は各章ごとに簡易的な名前（ch＋章番号
2桁）を用いる。

練習問題

1．Java GUIプログラミングの説明についてカッコ内の記号部分に入
る用語や説明を書きなさい。

　　GUIのコンポーネントはユーザがコンポーネントを操作すると
　a　を発生する。　a　の発生源のコンポーネントを　b　と呼ぶ。
コンポーネントにはこれらの　a　を捕捉する　c　を登録すること
ができる。アプリケーションで個別に実装した　c　をコンポーネン
トに登録すると，コンポーネントから　a　が発生するたびに　c　
のメソッドが自動的に呼び出される。GUIアプリケーションには
　c　のメソッドでどのような処理をするのかを書くことになる。こ
のようなプログラミング方法を　d　型と呼ぶ。

2．ルックアンドフィールとは何か説明しなさい。

第2章 ウィンドウの基礎

本章では，Swingを用いてウィンドウを開く方法について学ぶ。また，ウィンドウのイベントに対してリスナを設定し，その動作を確認する。新たに登場するクラスとインタフェースについては，APIのドキュメントを参照しながらプログラムを確認してほしい。なお，参照方法については0.10節で説明している。

2.1　フレーム：窓枠

Swing は AWT よりも新しいコンポーネントである。OSやプラットフォームに依存しない共通の見かけのGUIアプリケーションが作成できる。Swingでは，ウィンドウ（window）の窓枠（frame）に相当するJFrameクラスが用意されている。JFrameクラスのコンポーネント単独で中身のないウィンドウとして動作する。図2.1にJFrameクラスからインスタンスを生成し，表示した例を示す。ウィンドウの移動，サイズ変更，最小化，最大化など，ウィンドウに必要な機能が実装されている。

図2.1　JFrame を表示した例

図2.2にFrameTest01プログラムを示す。Swing 関係のクラスは主にjavax.swingパッケージに配置されている。この例では，JFrameクラスのインスタンスを生成している。次に，setDefaultCloseOperation() メソッドでウィンドウの右上の×を押した際の動作をプログラムが終了するように設定（JFrame.EXIT_ON_CLOSE）している。JFrame.EXIT_ON_CLOSEは，JFrame クラスで定義されている定数である。次に，

図2.2　9行目 ➡

図2.2 11行目 ➡

図2.2 12行目 ➡

図2.2 7行目 ➡

setSize()メソッドでウィンドウの幅と高さを設定している。デフォルトではウィンドウは画面上に表示されない(invisible:非可視化)ため,ウィンドウを画面上に表示されるようにする(visible:可視化)ためには,setVisible()メソッドのパラメータをtrueにして呼び出す必要がある。JFrameクラスのコンストラクタ(constructor)はいくつかあるが,文字列を1つとる**JFrame**(String title)コンストラクタはtitleの文字列がウィンドウのタイトルになる。ウィンドウが開いたのちは,前章で説明したように,AWTのフレームワークによりイベントループに入るので,プログラムが終了するわけではないことに注意が必要である。

　Javaの Swing では,GUIアプリケーションを作成する場合には,

```
1  package ch02; // これ以降, ch + 章番号 の名前を使う
2
3  import javax.swing.JFrame;// Swing の JFrame を使用
4
5  public class FrameTest01 {
6      public static void main(String[] args) {
7          JFrame frame = new JFrame("FrameTest01");
8          // JFrame クラスのインスタンスを生成
9          frame.setDefaultCloseOperation(JFrame.EXIT_ON_CLOSE);
10          // ウィンドウを閉じる設定
11          frame.setSize(640, 480); // サイズを設定
12          frame.setVisible(true); // 画面上に見えるように設定
13          // プログラムは終了せずにイベントループに入る
14      }
15  }
```

図2.2　FrameTest01.java

JFrame クラスを継承した独自のクラスを作成し,アプリケーションに必要なコンポーネントを配置し,必要なリスナを設定する。見かけや動作は変わらないが,JFrame クラスを継承した FrameTest02 プログラムの実行例を図2.3に示す。

図2.3　FrameTest02 を表示した例

```
1   package ch02;
2
3   import javax.swing.JFrame;
4
5   public class FrameTest02 extends JFrame { // JFrame を継承したクラスとして定義
6       public static void main(String[] args) {
7           new FrameTest02("FrameTest02"); // インスタンスを生成
8       }
9       public FrameTest02(String title) { // コンストラクタ
10          super(title);
11          setDefaultCloseOperation(JFrame.EXIT_ON_CLOSE);
12          setSize(640, 480);
13          setVisible(true);
14      }
15  }
```

図 2.4　FrameTest02.java

　FrameTest02クラスでは，コンストラクタ内でスーパクラスのコンストラクタを呼び出したのちに必要な設定を行い，main()メソッドでは，FrameTest02クラスのインスタンスを生成するだけである。このあとはAWTのイベントループに入る。

　FrameTest02クラスのクラス図を図2.5に示す。このように，すでにあるJFrameクラスを継承した独自のクラスを作成し，GUIアプリケーションの本体のクラスとしてプログラムを開発する。コンストラクタ内に必要な設定を記述しておき，main()メソッド内でインスタンスを生成する。main()メソッドはstaticなクラスメソッドであるので下線が付いている。

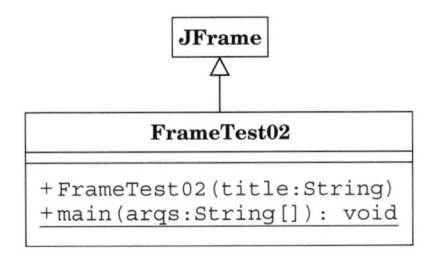

図 2.5　FrameTest02 のクラス図

　JFrameクラスを継承した新たなクラスを作成する理由は，作成するアプリケーションに固有な画面構成やリスナの設定を記述するためである。そのクラスの中では，すでに標準で用意されているJavaのクラスライブラリのコンポーネントをインスタンス化 (instantiation) して再利用すればよい。必要であれば独自のコンポーネントも作成できる。次章以降で，各種コンポーネントを配置する方法を見ていく。

　次に，ウィンドウに関するイベントについて説明し，リスナを設定して動作を確認する。Javaではイベントもクラスとして用意されていて，内部的にはオブジェクトが生成されて使われている。ウィンドウに関するイベントはWindowEventクラスで定義されている。対応するリスナはWindowListenerインタフェースである。どちらもAWTのフレームワークで扱われるため，java.awt.eventパッケージに配置されている。APIのドキュメントのjava.awt.eventパッケージにあるWindowEventクラスとWindowListenerインタフェースのドキュメントを確認しながら読み進めてほしい。

　WindowEventクラスは，ウィンドウの状態が変わったことを表すイベントのクラスである。ウィンドウの状態が変わったというイベントは，ウィンドウのコンポーネントが「開いた」「閉じつつある」「閉じた」「アイコン化された」「非アイコン化された」「活性化された」「非活性化された」ときに生成される。「非アイコン化された」とは，アイコン化された状態からウィンドウが開いた状態に戻されたことを表す。「活性化された」とは，ウィンドウが画面の最前面に出て，入力を受け付ける状態になったことを表し，「非活性化された」とはほかのウィンドウが活性化されて，もとのウィンドウが入力を受け付けない状態になったことを表す。コンポーネントが「活性化された」「非活性化された」は，それぞれ「フォーカス (focus) を得た」「フォーカスを失った」と表現されることもある。

　そして，WindowListenerインタフェースは，ウィンドウのイベント発生通知を受け取るためのリスナインタフェースである。ウィンドウで発生したイベント通知を受け取って処理するためには，WindowListenerインタフェースを実装したクラスを作成し，そのクラスのインスタンスをイベントソースのコンポーネントにリスナとして登録する必要がある。

　WindowEventクラスのイベントの型は表2.1に示す7種類がある。これらの値はWindowEventクラスのstatic final int型の定数として定義されている。リスナの実装クラスでは，イベントの型に対応するすべてのメソッドを実装する必要がある。

　次に，これらのWindowEventクラスで定義されているイベントを扱うWindowEventTest01プログラムを試す。見かけについてはこれまでのサンプルと同様に中身のないウィンドウが開く。ウィンドウのイベントが発生すると，コンソールにプリント文でそのイベントの情報を表

表2.1　WindowEvent クラスのイベントの型と対応する
WindowListener インタフェースのメソッド

WindowEvent のイベント型	WindowListener のメソッド
WINDOW_OPENED	public void windowOpened(WindowEvent e)
WINDOW_CLOSING	public void windowClosing(WindowEvent e)
WINDOW_CLOSED	public void windowClosed(WindowEvent e)
WINDOW_ICONIFIED	public void windowIconified(WindowEvent e)
WINDOW_DEICONIFIED	public void windowDeiconified(WindowEvent e)
WINDOW_ACTIVATED	public void windowActivated(WindowEvent e)
WINDOW_DEACTIVATED	public void windowDeactivated(WindowEvent e)

示する。ウィンドウを，アイコン化，非アイコン化，活性化，非活性化，閉じるなどの操作を行い，各イベントが発生していることを確認してほしい。

図 2.6 に WindowEventTest01 クラスのクラス図を示す。WindowEventTest01 クラスは JFrame クラスを継承している。WindowEventHandler クラスは WindowListener インタフェースを実装し，WindowEventTest01 クラス内部でのみ使われる内部クラス (inner class) として定義している。

Java では，インタフェースで宣言されたメソッドは必ず実装クラスで実装していないとコンパイルができない。逆に言うと，あるインタフェースを実装したクラスは，必ずそのインタフェースで宣言されたメソッドが実装されていることが保証される。この方法を使うことで，アプリケーションのために新たに作成したクラスであっても，そのリスナのインタ

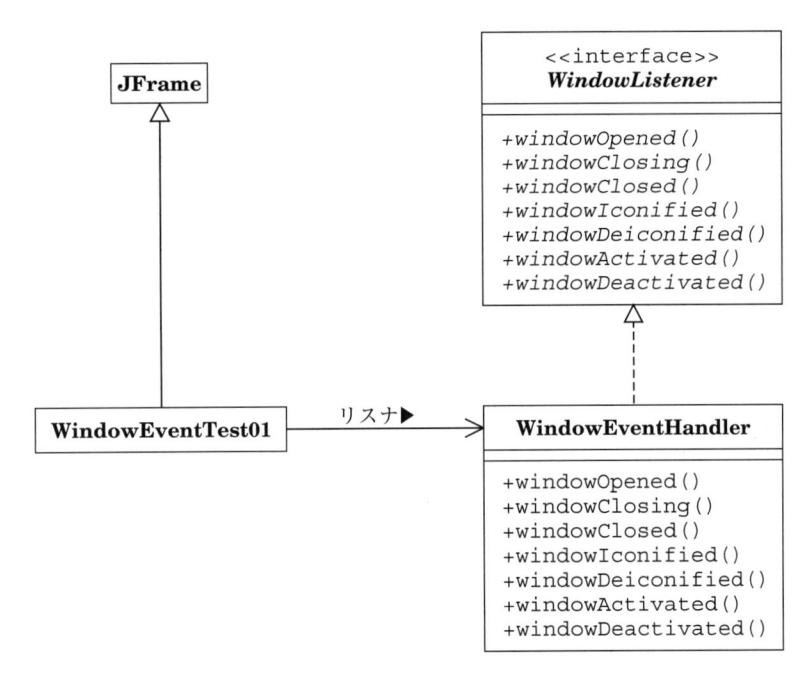

図2.6　WindowEventTest01 のクラス図

フェースを実装していることが保証されるので，安全に実装されたメソッドを呼び出すことができる。これがオブジェクト指向の重要な概念であるポリモフィズム (polymorphism) の活用事例となる。

図2.7にWindowEventTest01.javaを示す。図2.6の関係を確認しながら読んでほしい。

```
1  package ch02;
2
3  import java.awt.event.WindowEvent;
4  import java.awt.event.WindowListener;
5
6  import javax.swing.JFrame;
7
8  public class WindowEventTest01 extends JFrame {
9        public static void main(String[] args) {
10             new WindowEventTest01("WindowEventTest01");
11       }
12       public WindowEventTest01(String title){
13             super(title);
14             addWindowListener(new WindowEventHandler()); // リスナの設定
15             setDefaultCloseOperation(JFrame.EXIT_ON_CLOSE);
16             setSize(640, 480);
17             setVisible(true);
18       }
19       class WindowEventHandler implements WindowListener { // インタフェースの実装
20             // 内部クラスとしてリスナを実装
21             public void windowOpened(WindowEvent we) {
22                   System.out.println("ウィンドウが開いた");
23             }
24             public void windowClosing(WindowEvent we) {
25                   System.out.println("ウィンドウが閉じつつある");
26             }
27             public void windowClosed(WindowEvent we) {
28                   System.out.println("ウィンドウが閉じた");
29             }
30             public void windowIconified(WindowEvent we) {
31                   System.out.println("ウィンドウがアイコン化された");
32             }
33             public void windowDeiconified(WindowEvent we) {
34                   System.out.println("ウィンドウが非アイコン化された");
35             }
36             public void windowActivated(WindowEvent we) {
37                   System.out.println("ウィンドウが活性化した");
38             }
39             public void windowDeactivated(WindowEvent we) {
40                   System.out.println("ウィンドウが非活性化した");
41             }
42       }
43 }
```

図 2.7 WindowEventTest01.java

図 2.7 14行目

WindowEventTest01クラスのコンストラクタ内では，WindowEventTest01クラスのインスタンス自身に対して，以下の式のように

```
addWindowListener(new WindowEventHandler());
```

メソッド呼び出しを行い，WindowEventHandlerクラスのインスタンスをこのウィンドウのイベントリスナとして設定している。

このプログラムを実行し，ウィンドウのイベントが発生する操作を行うと，とたとえば図2.8のような結果がコンソールに得られる。ウィンドウが開くとまず活性化され，次に開くことがわかる。また，ウィンドウを閉じて終了する操作を行うと，ウィンドウが閉じつつあったのちに非活性化され，ウィンドウが閉じたイベントは捕まえられないこともわかる。

```
ウィンドウが活性化した
ウィンドウが開いた
ウィンドウがアイコン化された
ウィンドウが非活性化した
ウィンドウが非アイコン化された
ウィンドウが活性化した
ウィンドウが非活性化した
ウィンドウが活性化した
ウィンドウが閉じつつある
ウィンドウが非活性化した
```

図 2.8 WindowEvent の動作確認

ここでウィンドウを開いた際のイベントの伝播を図2.9に示すシーケンス図で確認しておく。確認のためにこのシーケンス図の続きを自分で描いてみるとよい。

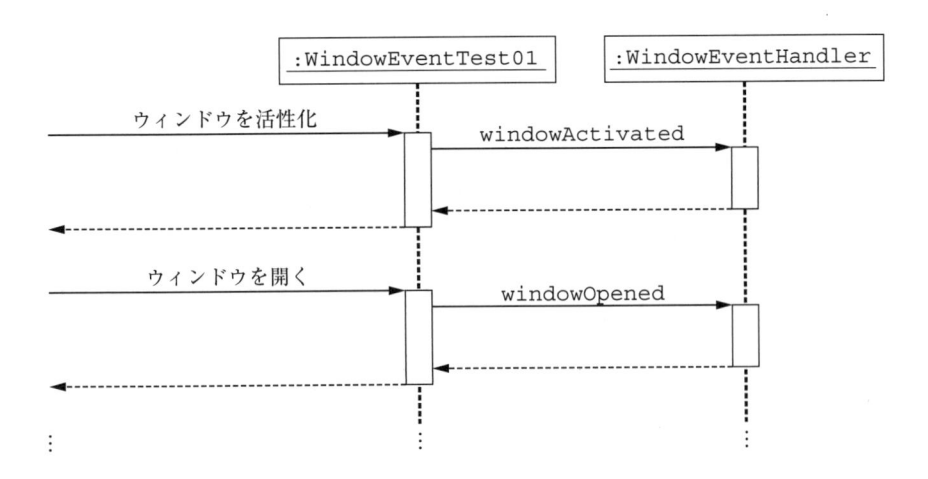

図 2.9 WindowEvent の伝搬のシーケンス図の一部

これ以降は，ユーザが行った操作によって生じたウィンドウのイベントが発生するたびに，リスナであるWindowEventHandlerクラスのインスタンスのイベントの型に応じたメソッドが呼び出されることになる。ウィンドウの右上の×をクリックしてプログラムを終了するまで，

AWTのフレームワークによってイベントが処理され続ける。このプログラムにより，イベントの発生からリスナで処理されるまでの流れを確認しよう。

本節では，実際にウィンドウのリスナを設定し，ウィンドウのイベントが発生すると，リスナの指定されたメソッドが呼び出されることを確認した。次はGUIプログラミングでよく使われるアダプタ (adapter) について学ぶ。

2.3 アダプタの使用

リスナはJavaのインタフェースとして用意されているため，すべての抽象メソッドを実装クラスで実装しなければならない。このため，使用しないイベントの型のメソッドも空の実装を行わなければならない。Javaではこの問題を解決するために，リスナのインタフェースに対応したアダプタを用意している。アダプタは，あるオブジェクトとあるオブジェクトの間に入ってつなぐ役割を持つ。たとえば，WindowListenerインタフェースに対しては，WindowAdapterクラスが用意されている。アダプタのクラスでは，リスナに必要なすべての空のメソッドが実装されているため，サブクラスでは実際に必要なメソッドのみをオーバライド (override) すればよい。注意深い読者は，WindowAdapterクラスでは，すべてのメソッドが空で実装されているのに，抽象クラスのままであることに気付いたであろうか。アダプタとなるクラスを抽象クラスのままにしておくという方法もあることを知っておこう。

アダプタを用いて，WINDOW_CLOSING型のイベントのみをキャッチするWindowEventTest02プログラムを作成してみよう。図2.10にクラス図を示す。図2.6のインタフェースを直接実装する方法と見比べてみよう。図2.6では，リスナであるWindowEventHandlerクラスはWindowListenerインタフェースのメソッドをすべて実装している。それに対して，図2.10では，リスナであるWindowEventHandlerクラスは，WindowAdapterクラスを継承し，windowClosing()メソッドのみをオーバライドしている。この違いも確認してほしい。

図2.11にWindowEventTest02.javaを示す。WindowEventHandlerクラスはWindowAdapterクラスを継承しているため，windowClosing()メソッドのみを実装すればよい。このように，リスナインタフェースに対応するアダプタを利用することで，省力化が図

図2.11　21行目 ➡

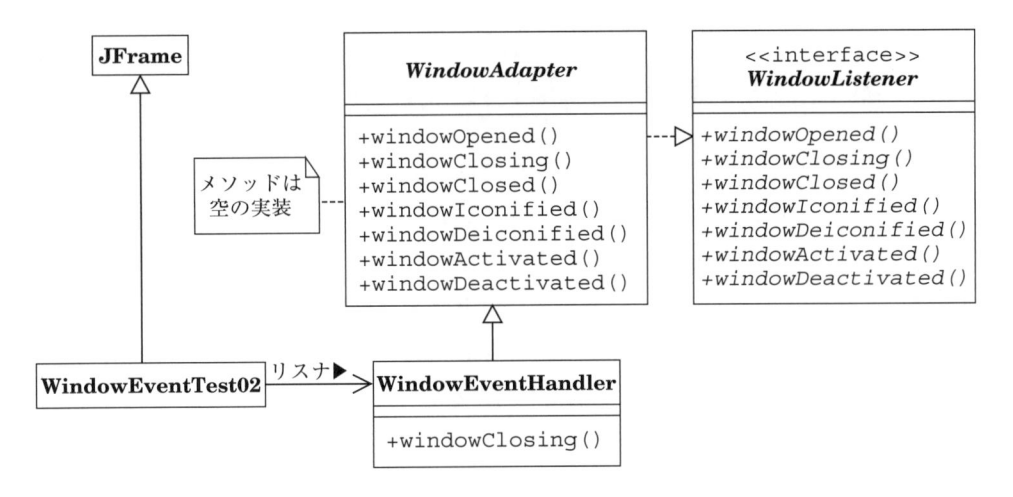

図 2.10　WindowAdapter を利用した構成

```java
package ch02;

import java.awt.event.WindowAdapter;
import java.awt.event.WindowEvent;

import javax.swing.JFrame;

public class WindowEventTest02 extends JFrame {
    public static void main(String[] args) {
        new WindowEventTest02("WindowEventTest02");
    }
    public WindowEventTest02( String title ){
        super(title);
        addWindowListener(new WindowEventHandler()); // リスナの設定
        setDefaultCloseOperation(JFrame.EXIT_ON_CLOSE);
        setSize(640, 480);
        setVisible(true);
    }
    class WindowEventHandler extends WindowAdapter { // アダプタを継承
        @Override
        public void windowClosing(WindowEvent we) {
            System.out.println("ウィンドウが閉じつつある");
        }
    }
}
```

図 2.11　WindowEventTest02.java

図 2.11　20 行目 ⮕

　れる。ただし，アダプタクラスが空のメソッド実装を行っているため，メソッド名の誤りなどによって，正しくオーバライドできていない場合にはミスが発見しにくくなる。このため，@Overrideアノテーションを付けておくとコンパイラがチェックしてくれるため安全である。

2.4 無名内部クラス

GUIプログラミングでは，リスナのメソッドが単純で，わざわざ名前を考えてリスナのクラスを作るまでもない場合も多い。Javaでは単純なメソッドだけを持つリスナの実装方法として，無名内部クラス（anonymous inner class）を使うことができる。

無名内部クラスでは，extendsやimplementsというJavaのキーワードを用いずに，名前を持たないサブクラスやインタフェースの実装クラスを定義できる。無名内部クラスはクラス宣言だけでなく，オブジェクトの生成も同時に行う。一般形を表2.2に示す。

表 2.2 無名内部クラスの一般形

一般形	new 抽象クラス型 ( ) { 無名内部クラス定義 };
	new インタフェース型 ( ) { 無名内部クラス定義 };

WindowEventTest02プログラムと同じ動作をするプログラムWindowEventTest03プログラムを作ってみる。図2.12にWindowEventTest03.javaを示す。

```
package ch02;

import java.awt.event.WindowAdapter;
import java.awt.event.WindowEvent;

import javax.swing.JFrame;

public class WindowEventTest03 extends JFrame {
    public static void main(String[] args) {
        new WindowEventTest03("WindowEventTest03");
    }
    public WindowEventTest03(String title){
        super( title );
        addWindowListener( new WindowAdapter() { // 無名内部クラス
            public void windowClosing(WindowEvent we) {
                System.out.println(" ウィンドウが閉じつつある ");
            }
        } ); // リスナの設定
        setDefaultCloseOperation(JFrame.EXIT_ON_CLOSE);
        setSize(640, 480);
        setVisible(true);
    }
}
```

図 2.12 WindowEventTest03.java

以下の addWindowListener() のパラメータが無名内部クラスの宣言とインスタンスの生成である。

図 2.12　14 行目 ➡

```
new WindowAdapter() {
    public void windowClosing(WindowEvent we) {
        System.out.println("ウィンドウが閉じつつある");
    }
}
```

　この例では，無名内部クラスのスーパクラスは`WindowAdapter`クラスであり，クラス定義は`windowClosing()`メソッド1つのみが記述されていて，同時にこの無名内部クラスのインスタンスが1つ生成される。Javaを用いたGUIプログラミングでは無名内部クラスがよく出てくるため，ここで記述方法を確認しておこう。

まとめ

　本章では，ウィンドウの枠を司る`JFrame`クラスの概要について学んだ。`WindowEvent`クラスを例に，`WindowListener`インタフェースを実装したリスナの設定も行った。Swingを用いたGUIプログラミングでよく使用されるアダプタと無名内部クラスについても学んだ。

　次章では，ウィンドウを構成する主要なコンポーネントについて学習する。

練習問題

1．GUIプログラミングにおいて，無名内部クラスはどのような場合に使われるのか説明しなさい。

2．Javaにはイベントに合わせたアダプタが数多く用意されている。この理由を説明しなさい。

3．プログラムComponentEventTest01.javaを作成しなさい。

　コンポーネントに共通なスーパクラスとして抽象クラス`Component`がある（第1章図1.1を参照）。コンポーネントの表示状態の変化を通知するイベントとして`ComponentEvent`クラスがある。`ComponentEvent`クラスと対応する`ComponentListener`インタフェースのメソッドは以下の表2.3に示す4種類がある。

　このうち，`COMPONENT_MOVED`型と`COMPONENT_RESIZED`型のイ

ベントを捉えてプリント文で表示する ComponentEventTest01.java を作成しなさい。例題の WindowEventTest01.java を参考にすること。2つのイベントに対してそれぞれ「移動しました。」「サイズが変更されました。」とプリント文で表示する。

余力のある読者は，ComponentListener の代わりに ComponentAdapter を適用してみなさい。また，移動後の座標，サイズ変更後の大きさもプリント文で表示しなさい。

表2.3　ComponentEvent と ComponentListener のメソッド

ComponentEvent の型	ComponentListener のメソッド
COMPONENT_MOVED	public void componentMoved(ComponentEvent e)
COMPONENT_RESIZED	public void componentResized(ComponentEvent e)
COMPONENT_SHOWN	public void componentShown(ComponentEvent e)
COMPONENT_HIDDEN	public void componentHidden(ComponentEvent e)

第3章 ウィンドウの構成要素

前章ではウィンドウを構成する窓枠に相当するJFrameクラスについて学んだ。本章では，GUIアプリケーションでよく用いられるメニューバー，ツールバー，ウィンドウの窓ガラス（pane）に相当するコンポーネントおよびコンテナクラスのコンポーネントのレイアウトについて学ぶ。

3.1 ウィンドウの構成

住宅の窓は窓枠と窓ガラスから構成されている。コンピュータのウィンドウもこのメタファを利用している。住宅の窓と同様に，ウィンドウは窓枠と窓ガラスから構成されている。ウィンドウの窓ガラスはペインと呼ばれる。窓ガラスに相当する部分は複数のペインで構成されていてもよく，複数ペイン（multiple-panes）と呼ばれる。

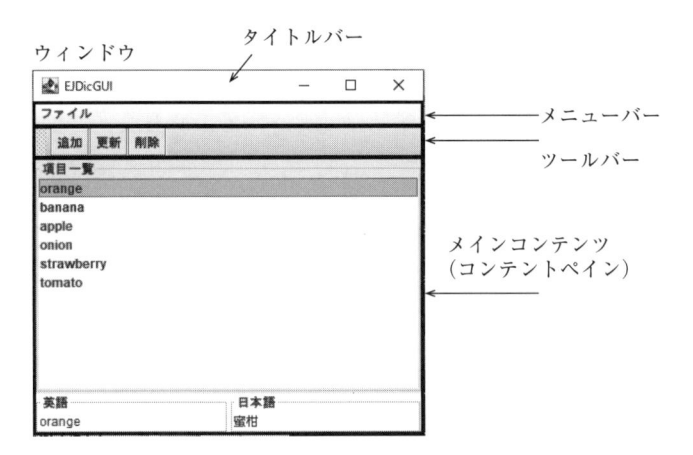

図 3.1　ウィンドウの構成要素

図3.1にウィンドウの例を示す。ウィンドウの上部にはタイトルバーがあり，JFrameクラスでタイトルが設定できることは前章で学習した。ウィンドウ内部にはメインコンテンツを表示するためのコンテントペイン（content pane）と呼ばれる領域がある。タイトルバーの直下にはメニューバーが配置されることが多い。メインコンテンツの上部にはツールバーと呼ばれるボタンを配置する領域が置かれることも多い。図にはないが，下部にはステータスバーと呼ばれる領域が置かれることもある。

3.2 メニューバー

　まず，メニューバーを作成してみよう。メニューバーには「File」メニューを用意し，メニュー項目として「Open」「Save」「Exit」を用意する。Swing のコンポーネントとして，メニューバーは JMenuBar クラス，メニューは JMenu クラス，メニュー項目は JMenuItem クラスが用意されている。MenuTest01 プログラムとして作成したウィンドウのイメージを図 3.2 に示す。メニューバーの「File」部分をマウスでクリックするとメニューが表示される。

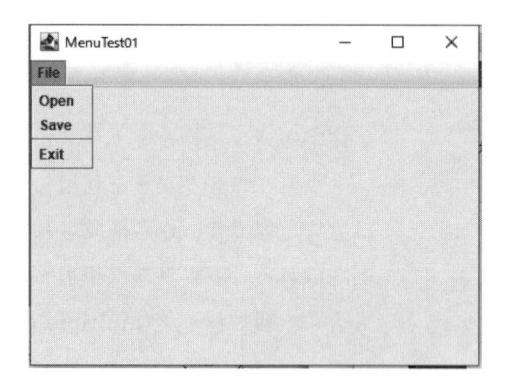

図 3.2　MenuTest01 の実行結果

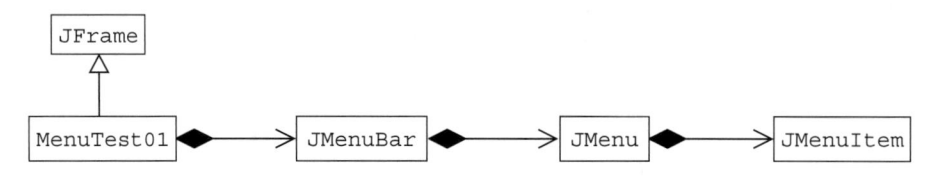

図 3.3　MenuTest01 のクラス図

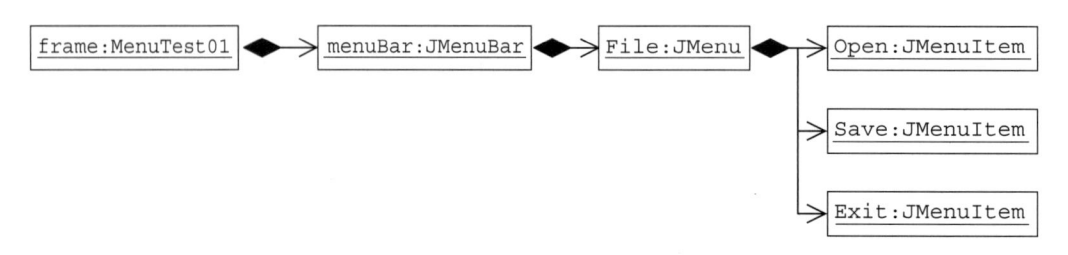

図 3.4　MenuTest01 のオブジェクト図

```
1   package ch03;
2
3   import javax.swing.JFrame;
4   import javax.swing.JMenu;
5   import javax.swing.JMenuBar;
6   import javax.swing.JMenuItem;
7
8   public class MenuTest01 extends JFrame {
9       public static void main(String[] args) {
10          new MenuTest01("MenuTest01");
11      }
12      public MenuTest01(String title){
13          super(title);
14
15          JMenuBar menuBar = new JMenuBar(); // メニューバーの生成
16          setJMenuBar(menuBar); // メニューバーの設定
17
18          JMenu fileMenu = new JMenu("File"); // メニューの生成
19          menuBar.add(fileMenu); // メニューバーにメニューを追加
20
21          JMenuItem menuItem;
22          menuItem = new JMenuItem("Open"); // メニュー項目の生成
23          fileMenu.add(menuItem); // メニューにメニュー項目を追加
24          menuItem = new JMenuItem("Save"); // メニュー項目の生成
25          fileMenu.add(menuItem); // メニューにメニュー項目を追加
26          fileMenu.addSeparator(); // メニューにセパレータを追加
27          menuItem = new JMenuItem("Exit"); // メニュー項目の生成
28          fileMenu.add(menuItem); // メニューにメニュー項目を追加
29          setDefaultCloseOperation(JFrame.EXIT_ON_CLOSE);
30          setSize(400, 300);
31          setVisible(true);
32      }
33  }
```

図 3.5　MenuTest01.java

図 3.5　16 行目 ➡

図 3.5　19 行目 ➡

図 3.5　23,25,28 行目 ➡

図 3.5　26 行目 ➡

　　JFrame コンポーネント（JFrame クラスのインスタンス）には，setJMenuBar() メソッドを用いて直接 JMenuBar コンポーネントを設定できる。JMenuBar コンポーネントには複数の JMenu コンポーネントを add() メソッドで追加することができる。JMenu コンポーネントには add() メソッドで JMenuItem コンポーネントを追加でき，addSeparator() メソッドでセパレータ（メニュー項目の区切り）を追加することができる。

　　MenuTest01 プログラムのクラス図を図3.3，オブジェクト図を図3.4，プログラムを図3.5に示す。プログラムとクラス図およびオブジェクト図の対応を確認してほしい。図3.3と図3.4で示すように，全体となるオブジェクトが部分となるオブジェクトを持つ合成の関係が入れ子となっている。第1章で説明したように，よく使われるコンポーネントはクラスライブラリとして用意され，必要なだけインスタンスを生成して組み合わせることでメニュー部分を構成することができる。すでにあるクラスからインスタンス化すればよいというオブジェクト指向の利点が活か

されている。

　MenuTest01 プログラムではメニュー部分の見かけのみを作成し，リスナは設定していないのでメニュー項目を選択しても何も起きない。メニュー項目を選択してコマンドを実行する方法は，第5章で説明する。

3.3　コンテントペイン

　次に，ウィンドウの中身に相当するメインコンテンツの構成方法について見ていく。JFrame クラスのインスタンスを生成すると，コンテントペインとして JPanel クラスのインスタンスを Container 型として持っている。getContentPane() メソッドおよび setContentPane() メソッドで，それぞれ現在のコンテントペインを得るか，または新たにコンテントペインを設定することができる。getContentPane() メソッドで取得した JPanel クラスのインスタンスに複数のコンポーネントを配置できる。JPanel クラスは Container クラスを祖先として継承するコンテナである。コンテナには複数のコンポーネントを貼り付けることができる。配置の方法はレイアウトマネージャ (layout manager) をコンテナに設定することにより変更ができる。コンポーネントの配置を管理するレイアウトマネージャは多数用意されているので，必要なレイアウトに合わせて適切なレイアウトマネージャを選択する必要がある。本節では，主なレイアウトマネージャのうち，4つを試してみよう。

- BorderLayout クラス
- FlowLayout クラス
- GridLayout クラス
- BoxLayout クラス

ほかにも多数のレイアウトマネージャがあるので，API のドキュメントを確認してほしい。パッケージとしては java.awt または javax.swing に配置されているものが多い。

3.3.1　BorderLayout クラス

　GUI アプリケーションでは，図3.6に示すように，メインコンテンツが5つの領域に分割されて使用されることが多い。地図の方向に合わせて，東・西・南・北・中央の位置を指定して5つのコンポーネントを配置できる。JFrame コンポーネントのコンテントペインとなっている JPanel コンポーネントには，デフォルトで BorderLayout クラスの

インスタンスが設定されている。コンテントペインにコンポーネントを追加する際には，add() メソッドの第1パラメータにコンポーネント，第2パラメータに配置位置を表す定数（NORTH, WEST, CENTER, EAST, SOUTH）を指定する。パラメータがコンポーネントの1つのみのadd() メソッドを使用すると配置は中央となる。

　LayoutTest01プログラムでは，5つの領域にそれぞれ JButton コンポーネントを配置してみる。実行例を図3.7に，クラス図を図3.8に，オブジェクト図を図3.9に，プログラムを図3.10に示す。図3.7と図3.8で継承と合成の関係を確認しておこう。

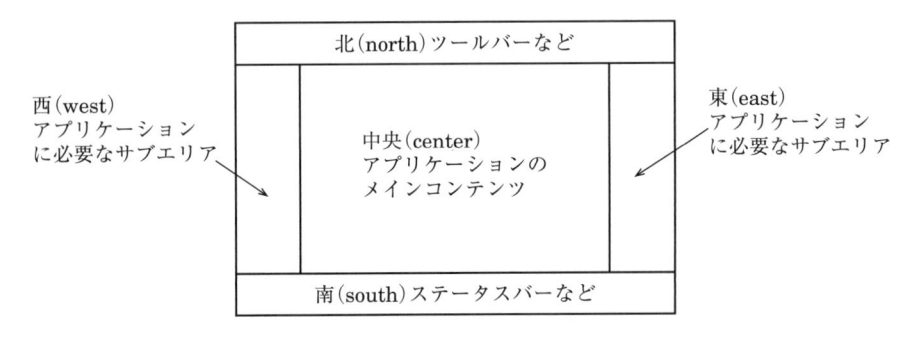

図 3.6　典型的な GUI アプリケーションのレイアウト

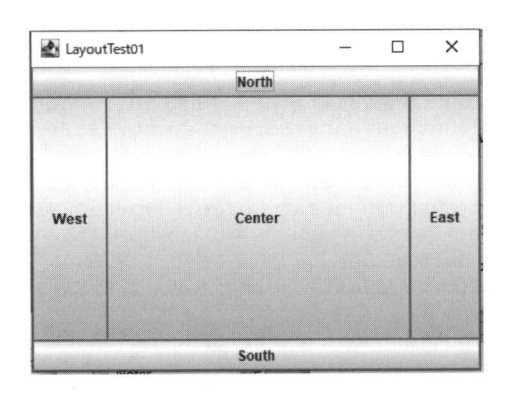

図 3.7　LayoutTest01 の実行結果

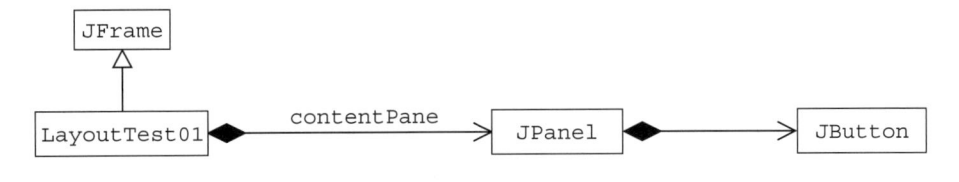

図 3.8　LayoutTest01 のクラス図

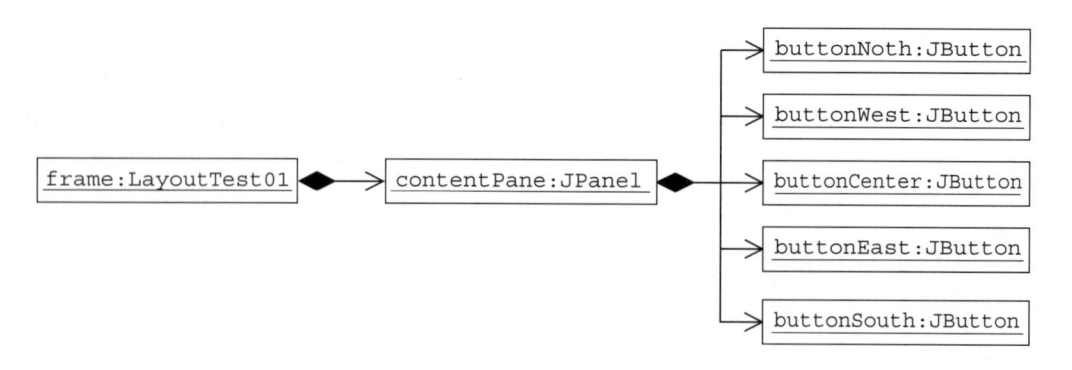

図 3.9 LayoutTest01 のオブジェクト図

```java
package ch03;

import java.awt.BorderLayout;

import javax.swing.JButton;
import javax.swing.JFrame;
import javax.swing.JPanel;

public class LayoutTest01 extends JFrame {
    public static void main(String[] args) {
        new LayoutTest01("LayoutTest01");
    }
    public LayoutTest01(String title){
        super(title);

        JPanel pane = (JPanel)getContentPane(); // コンテントペインを得る

        JButton buttonNorth = new JButton("North"); // ボタン生成
        pane.add(buttonNorth, BorderLayout.NORTH); // 配置位置を指定して追加

        JButton buttonWest  = new JButton("West");
        pane.add(buttonWest, BorderLayout.WEST);

        JButton buttonCenter  = new JButton("Center");
        pane.add(buttonCenter, BorderLayout.CENTER);

        JButton buttonEast  = new JButton("East");
        pane.add(buttonEast, BorderLayout.EAST);

        JButton buttonSouth = new JButton("South");
        pane.add(buttonSouth, BorderLayout.SOUTH);

        setDefaultCloseOperation(JFrame.EXIT_ON_CLOSE);
        setSize(400, 300);
        setVisible(true);
    }
}
```

図 3.10 LayoutTest01.java

このプログラムでも，見かけの部分のみ作成しているため，ボタンを
クリックしても何も起こらない。

では，ウィンドウのサイズを変更して，各コンポーネントの配置およ

びサイズがどのように変化するのかも確認しておこう。

図 3.10　16行目 ⮕

```
JPanel pane = (JPanel)getContentPane();
```
では，getContentPane() メソッドで，JFrameコンポーネントに設定されている現在のコンテントペインを得る。getContentPane() メソッドの戻り値の型はContainer型なので，もとのJPanel型にキャスト（型変換）して戻している。

図 3.10　18行目 ⮕

```
JButton buttonNorth = new JButton("North");
```
では，文字列"North"をボタンのテキストとするJButtonコンポーネントを生成している。

図 3.10　19行目 ⮕

```
pane.add(buttonNorth, BorderLayout.NORTH);
```
では，コンテントペインに上の行で作成したJButtonコンポーネントを上部（BorderLayout.NORTH）の位置に追加している。BorderLayout.NORTH は BorderLayoutクラスに定義されている定数NORTHである。

　以下は同様にJButtonコンポーネントを生成し，コンテントペインの指定した位置に追加をしている。プログラムとオブジェクト図の対応を理解することも本節の目的である。

3.3.2　FlowLayoutクラス

　FlowLayoutクラスは，ウィンドウのサイズによってコンポーネントが流れるように配置される。コンテントペインにコンポーネントをadd() するだけで，左から右に順にコンポーネントが追加され，その行が一杯になると下の行に移る。ウィンドウのサイズを変更すると動的に配置も変わる。LayoutTest02プログラムでは，JButtonコンポーネントを12個追加して動作を確認する。LayoutTest02 プログラムの実行結果を図3.11，プログラムを図3.12に示す。

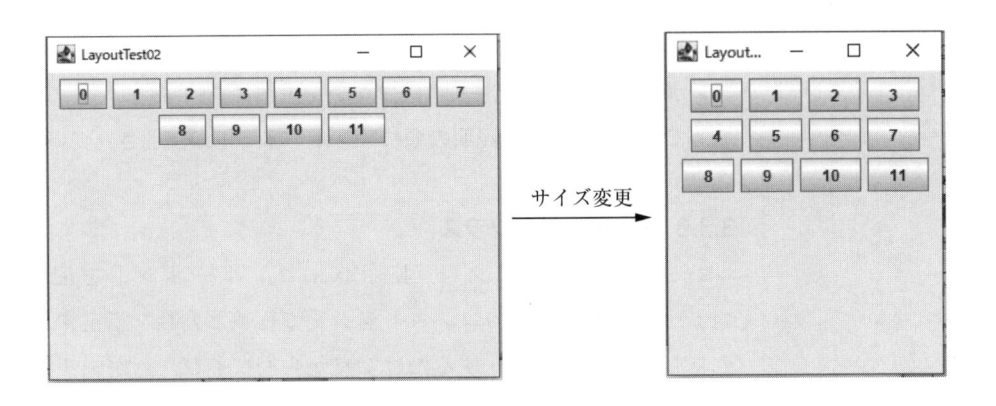

サイズ変更

図 3.11　LayoutTest02 の実行例

```
1   package ch03;
2
3   import java.awt.FlowLayout;
4
5   import javax.swing.JButton;
6   import javax.swing.JFrame;
7   import javax.swing.JPanel;
8
9   public class LayoutTest02 extends JFrame {
10      public static void main(String[] args) {
11          new LayoutTest02("LayoutTest02");
12      }
13      public LayoutTest02(String title) {
14          super(title);
15          JPanel pane = (JPanel)getContentPane();
16          pane.setLayout(new FlowLayout()); // レイアウトを指定
17
18          for(int i=0; i<12; i++) {
19              pane.add(new JButton(Integer.toString(i)));
20              // ボタンの生成と追加
21          }
22          setDefaultCloseOperation(JFrame.EXIT_ON_CLOSE);
23          setSize(400, 300);
24          setVisible(true);
25      }
26  }
```

図 3.12 LayoutTest02.java

コンストラクタには，

 pane.setLayout(new FlowLayout());

図 3.12 16行目 ➡

が追加されている。JFrame コンポーネントのコンテントペインのデフォルトのレイアウトマネージャを変更したい場合には，このように，コンテントペインに setLayout() メソッドを使用して新たなレイアウトマネージャを設定する。ここでは FlowLayout クラスのインスタンスを設定している。

 pane.add(new JButton(Integer.toString(i)));

図 3.12 19行目 ➡

は繰り返しの for 文の中にある。整数値 i を文字列に変換して JButton コンポーネントを生成し，単にコンテントペインに add() メソッドで追加している。前述した説明の順にコンポーネントが追加されていく。

3.3.3 GridLayout クラス

GridLayout クラスは，格子状にコンポーネントを配置する。GridLayout クラスのコンストラクタで行数と列数を指定する。コンテントペインに add() するだけで左から右に並び，行が一杯になると下の行に移る。ウィンドウのサイズを変更しても配置は変わらず，コンポーネントの表示領域が伸縮する。LayoutTest03 プログラムでは4行3列で12個の JButton コンポーネントを配置してみる。図 3.13 に実行

図 3.13　LayoutTest03 の実行例

```java
package ch03;

import java.awt.GridLayout;

import javax.swing.JButton;
import javax.swing.JFrame;
import javax.swing.JPanel;

public class LayoutTest03 extends JFrame {
    public static void main(String[] args) {
        new LayoutTest03("LayoutTest03");
    }
    public LayoutTest03(String title) {
        super(title);
        JPanel pane = (JPanel)getContentPane();
        pane.setLayout(new GridLayout(4, 3)); // レイアウト方法を指定

        for(int i=0; i<12; i++) {
            pane.add(new JButton(Integer.toString(i)));
            // ボタン生成と追加
        }
        setDefaultCloseOperation(JFrame.EXIT_ON_CLOSE);
        setSize(400, 300);
        setVisible(true);
    }
}
```

図 3.14　LayoutTest03.java

結果，図3.14にプログラムを示す。

コンストラクタ内の

図 3.14　16行目 ➡

```
 pane.setLayout(new GridLayout(4, 3));
```
が変更した部分である。GridLayout クラスの2つの整数を与えるコンストラクタでインスタンスを生成している。第1パラメータが行の数，第2パラメータが列の数である。

3.3.4　BoxLayout クラス

BoxLayout クラスは，縦一列または横一列にコンポーネントを配置する。ウィンドウサイズを変更してもコンポーネントのサイズは変

わらない。表示される領域のみが変わる。BoxLayoutクラスのコンストラクタに，第1パラメータとして適用するコンテナ，第2パラメータとして配置の方向の定数を渡してインスタンスを生成する。12個のJButtonコンポーネントに対して，横方向に設定した実行例を図3.15 (a)に，縦方向に設定した実行例を図3.15 (b)に示す。どちらも初期サイズではすべてのボタンが表示されない。プログラムLayoutTest04を図3.16に示す。配置の方向は，BoxLayoutクラスの定数BoxLayout.X_AXISまたはBoxLayout.Y_AXISのどちらかを指定する。

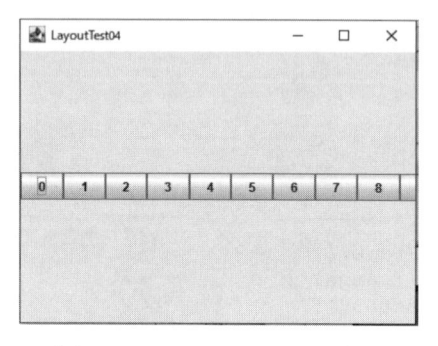

(a) BoxLayout.X_AXIS を指定

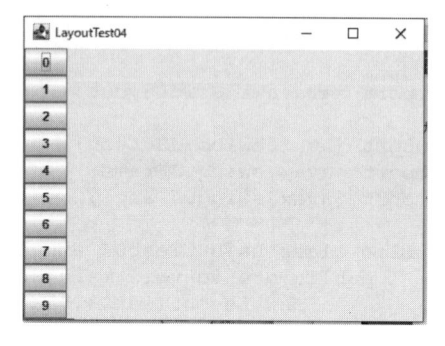

(b) BoxLayout.Y_AXIS を指定

図3.15　LayoutTest04 の実行例

```java
package ch03;

import javax.swing.BoxLayout;
import javax.swing.JButton;
import javax.swing.JFrame;
import javax.swing.JPanel;

public class LayoutTest04 extends JFrame {
    public static void main(String[] args) {
        new LayoutTest04("LayoutTest04");
    }
    public LayoutTest04(String title){
        super(title);
        JPanel pane = (JPanel)getContentPane();
        pane.setLayout(new BoxLayout(pane, BoxLayout.X_AXIS));
        // レイアウト方法
        // pane.setLayout(new BoxLayout(pane, BoxLayout.Y_AXIS));

        for(int i=0; i<12; i++) {
            JButton bt = new JButton(Integer.toString(i));
            // ボタンの生成
            pane.add(bt); // ボタンの追加
        }
        setDefaultCloseOperation(JFrame.EXIT_ON_CLOSE);
        setSize(400, 300);
        setVisible(true);
    }
}
```

図3.16　LayoutTest04.java

コンストラクタ内の

図3.16　15行目 ➡

```
pane.setLayout(new BoxLayout(pane, BoxLayout.X_AXIS));
```

は横方向,

図3.16　17行目 ➡

```
pane.setLayout(new BoxLayout(pane, BoxLayout.Y_AXIS));
```

は縦方向にコンポーネントを配置する。このプログラムでは,どちらかをコメント(//)にして動作を試してほしい。また,ウィンドウのサイズを変更してコンポーネントの配置とサイズがどうなるのかも確認しよう。

　ここまで,主なレイアウトマネージャを見てきた。ほかのレイアウトマネージャもAPIのドキュメントを読んで試してみてほしい。

3.4　ツールバー

　ツールバーは通常,メニューバーとメインコンテンツの間に配置され,ボタンが並んだ構成がとられる。SwingではJToolBarクラスが用意されている。コンテントペインをBorderLayoutクラスのインスタンスに設定(デフォルトのまま)して,NORTH位置にJToolBarコンポーネントを配置するプログラムToolBarTest01の実行例を図3.17に示す。JButtonコンポーネントとセパレータをツールバーに追加している。ツールバーをドラッグして切り離し,別ウィンドウ(フローティングツールバー)として使うこともできる。プログラムを図3.18に示す。

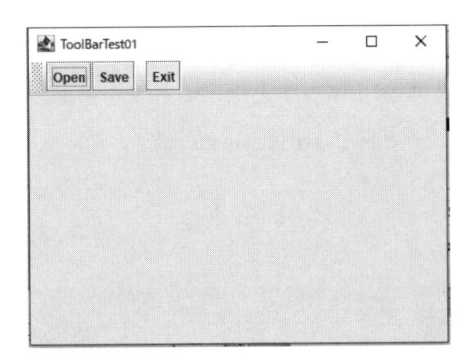
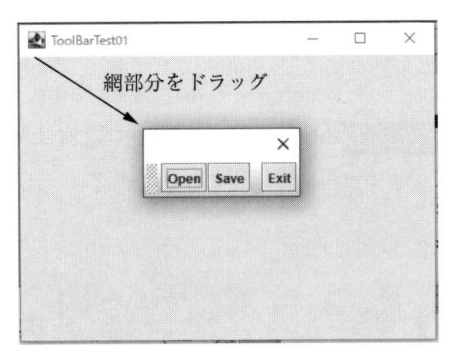

図3.17　ToolBarTest01 の実行例

図3.18　19行目 ➡

```
JToolBar toolbar = new JToolBar();
```

でJToolBarクラスからインスタンスを生成する。

図3.18　20行目 ➡

```
pane.add(toolbar, BorderLayout.NORTH);
```

では,コンテントペインの上部に上で生成したJToolBarコンポーネントを追加する。

図3.18　23行目 ➡

```
toolbar.add(new JButton("Open"));
```

```
 1   package ch03;
 2
 3   import java.awt.BorderLayout;
 4
 5   import javax.swing.JButton;
 6   import javax.swing.JFrame;
 7   import javax.swing.JPanel;
 8   import javax.swing.JToolBar;
 9
10   public class ToolBarTest01 extends JFrame {
11       public static void main(String[] args) {
12           new ToolBarTest01("ToolBarTest01");
13       }
14       public ToolBarTest01(String title){
15           super(title);
16
17           JPanel pane = (JPanel)getContentPane();
18
19           JToolBar toolbar = new JToolBar(); // ツールバーの生成
20           pane.add(toolbar, BorderLayout.NORTH);
21           // コンテントペインの上部に追加
22
23           toolbar.add(new JButton("Open"));
24           // ツールバーにコンポーネントを追加
25           toolbar.add(new JButton("Save"));
26           toolbar.addSeparator();
27           toolbar.add(new JButton("Exit"));
28
29           setDefaultCloseOperation(JFrame.EXIT_ON_CLOSE);
30           setSize(400, 300);
31           setVisible(true);
32       }
33   }
```

図 3.18　ToolBarTest01.java

図 3.18　26 行目 ➡

では，JToolBarコンポーネントにJButtonコンポーネントを追加している。以下，JButtonコンポーネントとセパレータを追加していく。セパレータの追加はメニューと同じaddSeparator()メソッドを呼び出す方法である。

まとめ

　本章ではウィンドウを構成する主要な部分を見てきた。メニューバー，コンテントペイン，レイアウトマネージャ，ツールバーについて学習した。

練習問題

1．プログラム MenuTest02.java を作成しなさい。

MenuTest01.java をもとに，Edit メニューを追加しなさい。メニュー項目は，「Copy」「Cut」「Paste」とする。図 3.19 に実行結果のイメージを示す。オブジェクト図も描くこと。

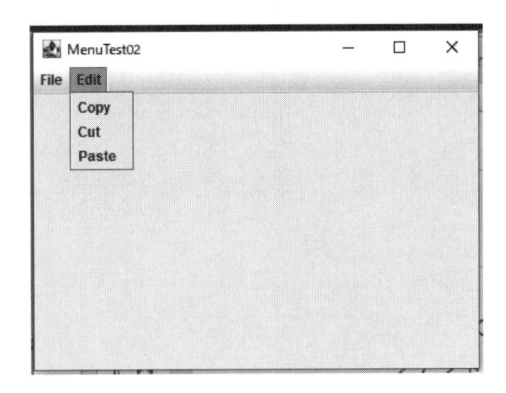

図 3.19　MenuTest02 の実行結果

2．プログラム LayoutTest05.java を作成しなさい。
実行すると図 3.20 のようにボタンを配置する。

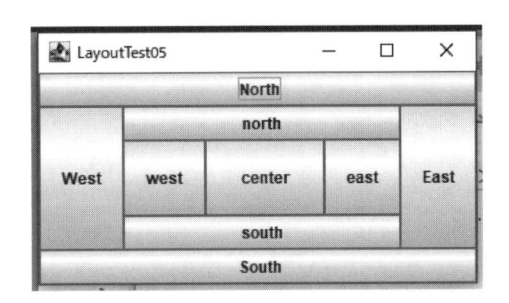

図 3.20　LayoutTest05 の実行結果

ヒント：コンテントペインの中央部分にはコンテナを使い，適切なレイアウトマネージャを設定する。

第4章 基本的なコンポーネント

本章では，基本的なコンポーネントについて学ぶ。まず，文字列とアイコンを表示できるラベルを紹介する。次にボタン関係のコンポーネントとして，ボタン，ラジオボタン，チェックボックスを紹介する。本章では見かけについて扱い，ボタン関係のイベントは次章で取り扱う。

4.1 ラベル

ラベルは1行の文字列を表示するためのコンポーネントである。Swing ではJLabelクラスが用意されている。JLabelコンポーネントは，文字列のほかにアイコンも表示可能である。また，アイコンのみ表示することもできる。ラベルはユーザの入力には反応せず，表示のみを行うコンポーネントである。図4.1にLabelTest01プログラムの実行結果，図4.2にプログラムを示す。

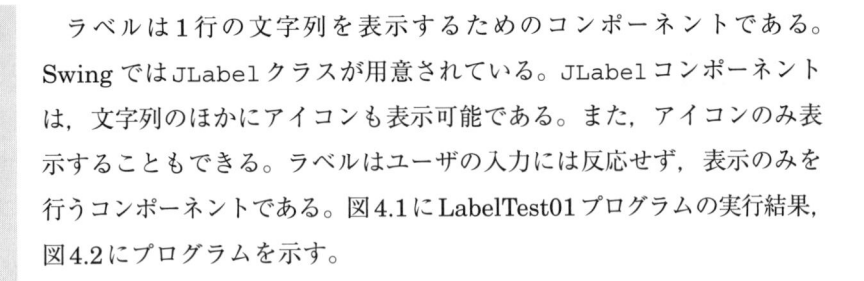

図 4.1 LabelTest01 の実行結果

```
1   package ch04;
2
3   import javax.swing.JFrame;
4   import javax.swing.JLabel;
5   import javax.swing.JPanel;
6
7   public class LabelTest01 extends JFrame {
8       public static void main(String[] args) {
9           new LabelTest01("LabelTest01");
10      }
11      public LabelTest01(String title) { // コンストラクタ
12          super(title);
13          JPanel pane = (JPanel)getContentPane();
14          JLabel label = new JLabel("出口"); // 文字列を指定してラベルを生成
15          pane.add(label); // ラベルをコンテントペインに追加
16          setDefaultCloseOperation(JFrame.EXIT_ON_CLOSE);
17          setSize(200, 100);
18          setVisible(true);
```

```
19          }
20      }
```

図 4.2 LabelTest01.java

JLabelクラスのコンストラクタは6種類ある。APIのドキュメントで確認してほしい。今回は文字列を1つとるコンストラクタを使用している。パラメータの文字列がラベルに表示される。デフォルトでは左寄せで文字列が表示される。第2パラメータに配置方法の定数を指定するコンストラクタを使うか，JLabelコンポーネントを生成したのちにsetHorizontalAlignment()メソッドで位置（左寄せ：SwingConstants.LEFT，中央寄せ：SwingConstants.CENTER，右寄せ：SwingConstants.RIGHT）を指定することができる。

次にラベルにアイコンを表示してみる。コンストラクタでIconインタフェースを実装したクラスのインスタンスを渡すか，JLabelコンポーネントを生成したあとにsetIcon()メソッドでアイコンを設定する。SwingではImageIconクラスが用意されており，利用可能な画像フォーマットはGIF，JPEG，PNGである。LabelTest02プログラムでは，プログラムを実行するカレントフォルダに，アイコンとして表示したい画像exit.pngを置く（Eclipse統合開発環境の場合はプロジェクトのトップフォルダ）。図4.3にLabelTest02プログラムの実行結果，図4.4にプログラムを示す。

図4.3 LabelTest02 の実行結果

```
1    package ch04;
2
3    import javax.swing.ImageIcon;
4    import javax.swing.JFrame;
5    import javax.swing.JLabel;
6    import javax.swing.JPanel;
7
8    public class LabelTest02 extends JFrame {
9        public static void main(String[] args) {
10           new LabelTest02("LabelTest02");
11       }
12       public LabelTest02(String title) { // コンストラクタ
13           super(title);
14           JPanel pane = (JPanel)getContentPane();
15           JLabel label = new JLabel(" 出口 ");   // 文字列を指定してラベルを生成
```

```
16      label.setIcon(new ImageIcon("exit.png")); // アイコンを設定
17      pane.add(label); // ラベルをコンテントペインに追加
18      setDefaultCloseOperation(JFrame.EXIT_ON_CLOSE);
19      setSize(200, 100);
20      setVisible(true);
21    }
22  }
```

図 4.4　LabelTest02.java

　デフォルトでは左側にアイコン，右側に文字列が表示される。アイコンと文字列の位置関係を設定するメソッドが用意されているので，APIのドキュメントで確認し，試してみてほしい。JLabelコンポーネントとImageIconオブジェクトを組み合わせると簡単な画像ビューワとしても利用できる。今回は画像ファイルを用意してその画像をアイコンとして表示したが，Iconインタフェースを実装した独自の描画方法を持つアイコンクラスを作成してもよい。

4.2　ボタン

　次に，ボタンとそのサブクラスを見ていく。ボタンコンポーネントについてはすでに前章でJButtonコンポーネントを表示してみた。ボタンもラベルと同様にアイコンを表示できる。ボタンはユーザがマウスでクリックするとイベントが発生し，対応するコマンドを実行するコンポーネントである。イベントについては次章で扱う。ここではボタンコンポーネントの見かけと動作について確認する。

　図4.5にボタン関係のクラス図を示す。継承のクラス階層を設計する際の参考としてほしい。ボタンコンポーネントに共通な機能を規定した抽象クラスであるAbstractButtonクラスをスーパクラスとし，一般的なボタンコンポーネントであるJButtonクラスがサブクラスとして実装されている。

　前章で作成したメニューバーでは，JMenuBarクラス，JMenuクラス，JMenuItemクラスを使用した。メニュー項目も，選択することでコマンドを実行できるため，ボタンの一種であるとみなされている。JMenuItemクラスは，同じくAbstractButtonクラスを継承していることがわかる。JMenuItemクラスはさらにサブクラスを持つ。JMenuクラスがJMenuItemクラスのサブクラスとなっていることも興味深い設計方法である。JMenuクラスはJMenuItemクラスの特殊なクラスとして扱われているためである。

チェックボックスは複数の項目の中から自由に複数の項目を選択するために用いる。ラジオボタンは複数の項目の中から1つの項目のみを選択するために用いる。ラジオボタンは排他的(択一選択)にしなければならず, チェックボックスは排他的にしてはならない。

メニュー項目であるが, 複数選択をさせたい場合にはJCheckBoxMenuItemクラスを利用し, 排他的選択をさせたい場合にはJRadioButtonMenuItemクラスを利用することができる。

メニュー項目ではなく, ボタンの形式で複数選択をさせたい場合にはJCheckBoxクラスを利用し, 排他的選択をさせたい場合にはJRadioButtonクラスを利用する。共通のスーパクラスとして, オンとオフの状態を保持できるJToggleButtonクラスを持つ。

次節でこれらのボタンコンポーネントを実際に動作させて, 上記の内容を確認してみる。

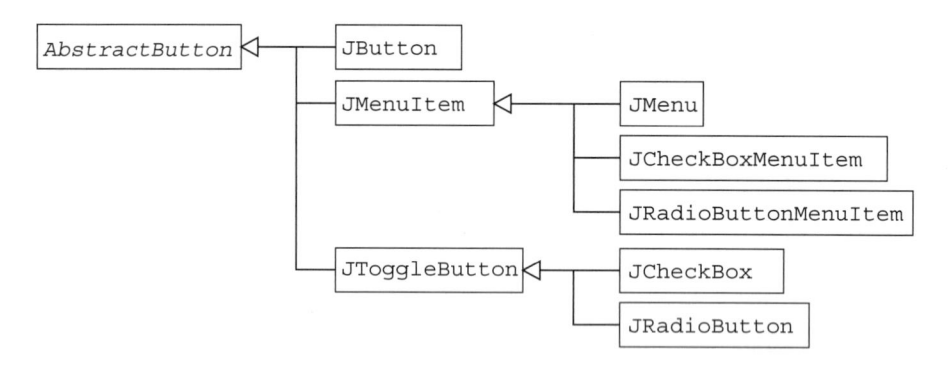

図4.5　ボタンコンポーネントのクラス階層

4.3　ラジオボタン

前節で説明したように, Swing ではラジオボタンとして, JRadioButtonクラスが用意されている。メニュー項目として使用する場合にはJRadioButtonMenuItemクラスを使用する。ラジオボタンは, 複数項目の中から単一選択をするために使う。排他的に使用するためには同一のグループに所属させる必要がある。このためにButtonGroupクラスが用意されている。同じボタングループに所属するラジオボタンは最後に選択された1つの項目が選択状態になり, その前に選ばれていた項目は非選択状態になる。すべてを非選択状態にするには, ButtonGroupクラスのclearSelection()メソッドを呼び出す。図4.6にRadioButtonTest01プログラムの実行結果を示す。クラス図を図

4.7に，オブジェクト図を図4.8に，プログラムを図4.9に示す。

　各ラジオボタンをマウスでクリックして排他的に動作することを確認してほしい。これを実現するために，各ラジオボタンコンポーネントを同一のボタングループに所属させる必要がある。図4.8のオブジェクト図と図4.9のプログラムの対応を確認しておこう。

図 4.6　RadioButtonTest01 の実行結果

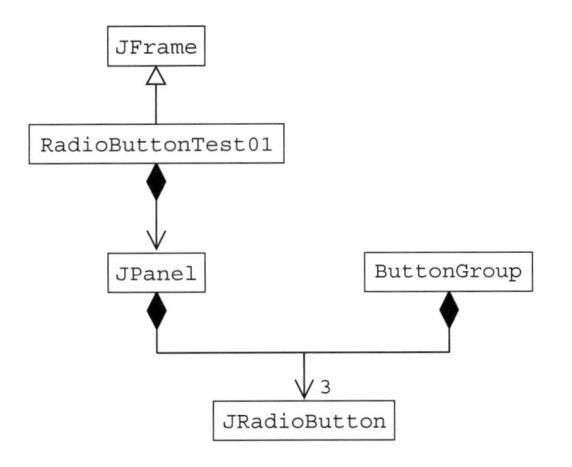

図 4.7　RadioButtonTest01 のクラス図

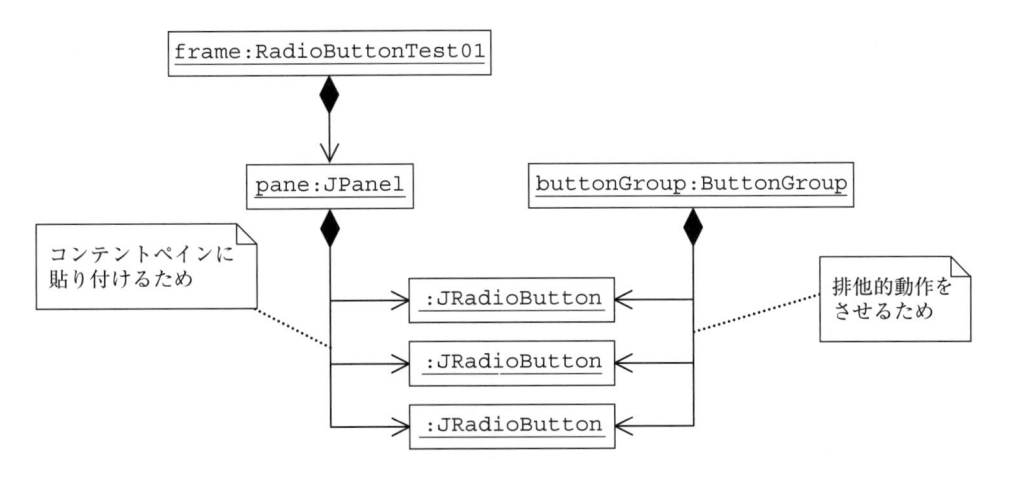

図 4.8　RadioButtonTest01 のオブジェクト図

```
1   package ch04;
2
3   import javax.swing.BoxLayout;
4   import javax.swing.ButtonGroup;
5   import javax.swing.JFrame;
6   import javax.swing.JPanel;
7   import javax.swing.JRadioButton;
8
9   public class RadioButtonTest01 extends JFrame {
10      public static void main(String[] args) {
11          new RadioButtonTest01("RadioButtonTest01");
12      }
13      public RadioButtonTest01(String title) {
14          super(title);
15          JPanel pane = (JPanel)getContentPane();
16          pane.setLayout(new BoxLayout(pane, BoxLayout.Y_AXIS));
17          ButtonGroup buttonGroup = new ButtonGroup(); // ボタングループの生成
18          JRadioButton button = new JRadioButton("りんご");
19          pane.add(button); // コンテントペインに追加
20          buttonGroup.add(button); // ボタングループにも追加
21          button = new JRadioButton("みかん");
22          pane.add(button); // コンテントペインに追加
23          buttonGroup.add(button); // ボタングループにも追加
24          button = new JRadioButton("いちご");
25          pane.add(button); // コンテントペインに追加
26          buttonGroup.add(button); // ボタングループにも追加
27          setDefaultCloseOperation(JFrame.EXIT_ON_CLOSE);
28          setSize(200, 150);
29          setVisible(true);
30      }
31  }
```

図 4.9　RadioButtonTest01.java

4.4　チェックボックス

Swing ではチェックボックスとして，JCheckBox クラスが用意されている。メニュー項目として使用する場合には JCheckBoxMenuItem を使用する。複数項目の中から複数選択をするために使う。図 4.10 に CheckBoxTest01 プログラムの実行結果を示す。クラス図を図 4.11 に，オブジェクト図を図 4.12 に，プログラムを図 4.13 に示す。

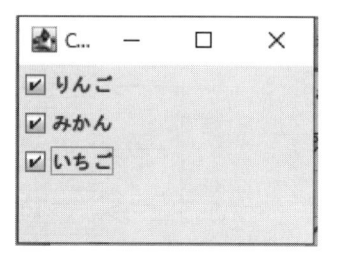

図 4.10　CheckBoxTest01 の実行結果

各項目が自由に選択・非選択にできることを確認してほしい。複数項目の中から自由に複数項目を選択できるようにするため，ラジオボタンと異なりボタングループは必要ない。

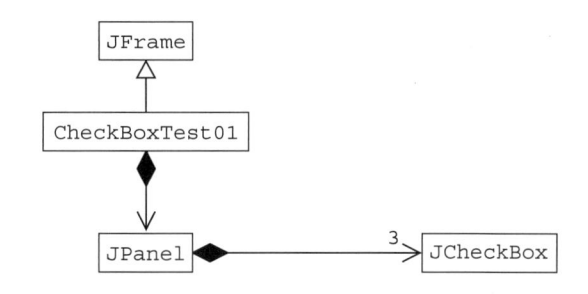

図 4.11　CheckBoxTest01 のクラス図

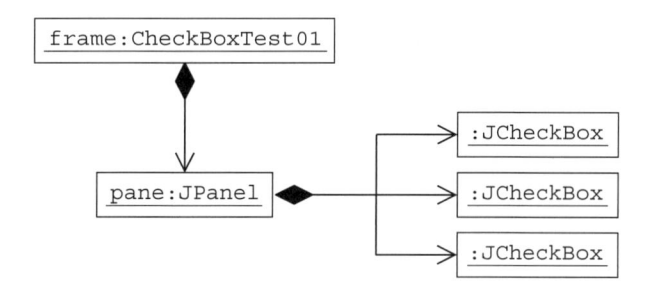

図 4.12　CheckBoxTest01 のオブジェクト図

```java
package ch04;

import javax.swing.BoxLayout;
import javax.swing.JCheckBox;
import javax.swing.JFrame;
import javax.swing.JPanel;

public class CheckBoxTest01 extends JFrame {
    public static void main(String[] args) {
        new CheckBoxTest01("CheckBoxTest01");
    }
    public CheckBoxTest01(String title) {
        super(title);
        JPanel pane = (JPanel)getContentPane();
        pane.setLayout(new BoxLayout(pane, BoxLayout.Y_AXIS));
        JCheckBox button = new JCheckBox("りんご");
        pane.add(button); // コンテントペインに追加
        button = new JCheckBox("みかん");
        pane.add(button); // コンテントペインに追加
        button = new JCheckBox("いちご");
        pane.add(button); // コンテントペインに追加
        setDefaultCloseOperation(JFrame.EXIT_ON_CLOSE);
        setSize(200, 150);
        setVisible(true);
    }
}
```

図 4.13　CheckBoxTest01.java

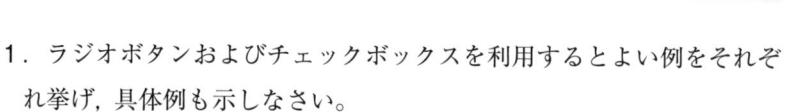

まとめ

　本章では基本的なコンポーネントとして，ラベルおよびボタンの派生を見てきた。JLabel クラス，JRadioButton クラス，JCheckBox クラスについて学習した。ラジオボタンは排他的にしなければならず，チェックボックスは排他的にしてはならないことも学習した。

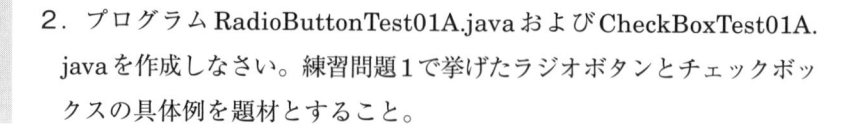

練習問題

1．ラジオボタンおよびチェックボックスを利用するとよい例をそれぞれ挙げ，具体例も示しなさい。

2．プログラム RadioButtonTest01A.java および CheckBoxTest01A.java を作成しなさい。練習問題 1 で挙げたラジオボタンとチェックボックスの具体例を題材とすること。

第5章

コマンドの実行

　GUIアプリケーションの基本的な処理は，ユーザがメニュー，ツールバー，ボタンなどを使って実行したいコマンドを選び，その操作に対するコマンドを実行することになる。本章では，アクションイベントに関する`ActionEvent`クラスと`ActionListener`インタフェース，および`AbstractAction`クラスについて学ぶ。

5.1　アクションイベントとアクションリスナ

　アクションイベントを取り扱う代表的なコンポーネントは`JButton`クラスである。まずは`JButton`クラスを対象として`ActionEvent`クラスと`ActionListener`インタフェースを使用してみる。`ButtonTest01`プログラムでは，3つの`JButton`クラスのコンポーネントを配置し，ボタンコンポーネントの上でユーザがマウスボタンをクリックすると，ボタンに応じた文字列をコンソールにプリント文で表示するプログラムである。実行結果を図5.1，クラス図を図5.2，オブジェクト図を図5.3，シーケンス図を図5.4，プログラムを図5.5に示す。

　`JButton`コンポーネントのリスナは，内部クラスとして定義した`ActionHandler`クラスのインスタンスを3つの`JButton`クラスのインスタンスで共有する。`actionPerformed()`メソッドが

図 5.1　ButtonTest01 の実行例

ActionListener インタフェースで実装しなければならないメソッド
である。このメソッドの中でどのJButtonコンポーネントがイベントソー
スなのかを調べ，ボタンに応じた文字列を表示する。各ボタンをマウス
でクリックして動作を確認して欲しい。

　図5.1はEclipse統合開発環境を使用し，ButtonTest01プログラム
のウィンドウに表示されている「開く」「保存」「終了」ボタンを順に
クリックした場合にコンソールに文字列がプリントされる様子を示し
ている。

　図5.2では，ButtonTest01クラスがJFrameクラスを継承し，
ButtonTest01クラスのインスタンスがコンテントペインとして
JPanelクラスのインスタンスを持つことを示す。また，コンテントペ
インがJButtonクラスのインスタンスを3つ持ち，各JButtonコンポー
ネントのリスナがActionHandlerクラスのインスタンスであること
を示す。ActionHandlerクラスはActionListenerインタフェース
を実装しているので，actionPerformed()メソッドを実装している。

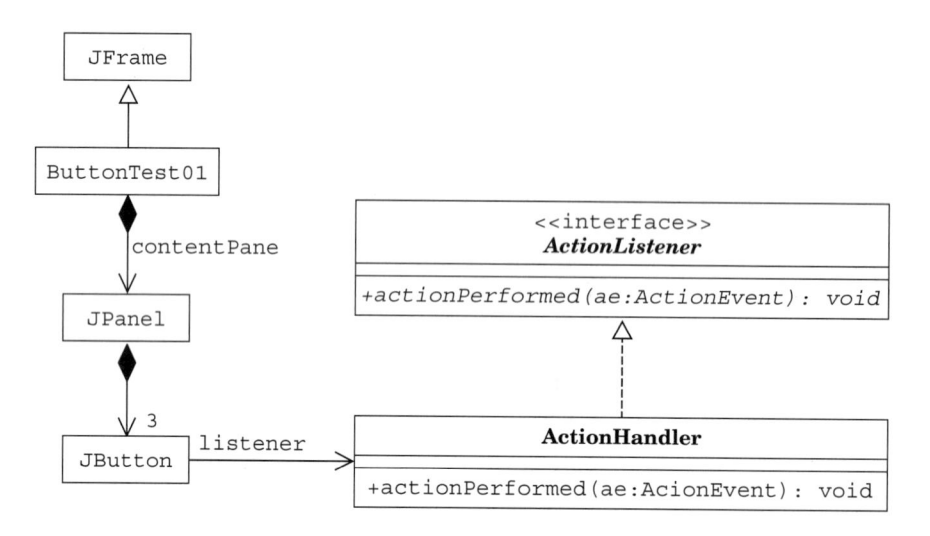

図5.2 ButtonTest01のクラス図

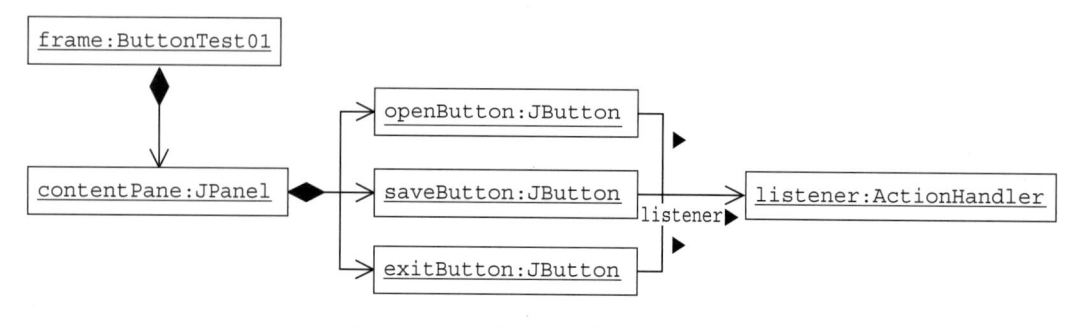

図5.3 ButtonTest01のオブジェクト図

図5.3では，コンテントペインがJButtonクラスのインスタンスを3つ持ち，各JButtonコンポーネントのリスナが共通のActionHandlerクラスのインスタンスに設定されていることを示す。ButtonTest01クラスのインスタンスのコンテントペインとして，JPanelクラスのインスタンスを持つことはこれまでと同じである。

　図5.4は，ButtonTest01ウィンドウの「開く」「保存」「終了」ボタンを順にクリックした場合のシーケンス図である。ユーザがボタンをクリックするたびに，リスナであるActionHandlerクラスのインスタンスにactionPerformedメッセージが送られていることがわかる。実際には，イベントソースであるJButtonクラスのインスタンスからAWTのフレームワークを経由して，リスナであるActionHandlerクラスのインスタンスにactionPerformedメッセージが送られる。また，コンソール(標準出力)であるSystem.outオブジェクトへのprintlnメッセージは省略している。

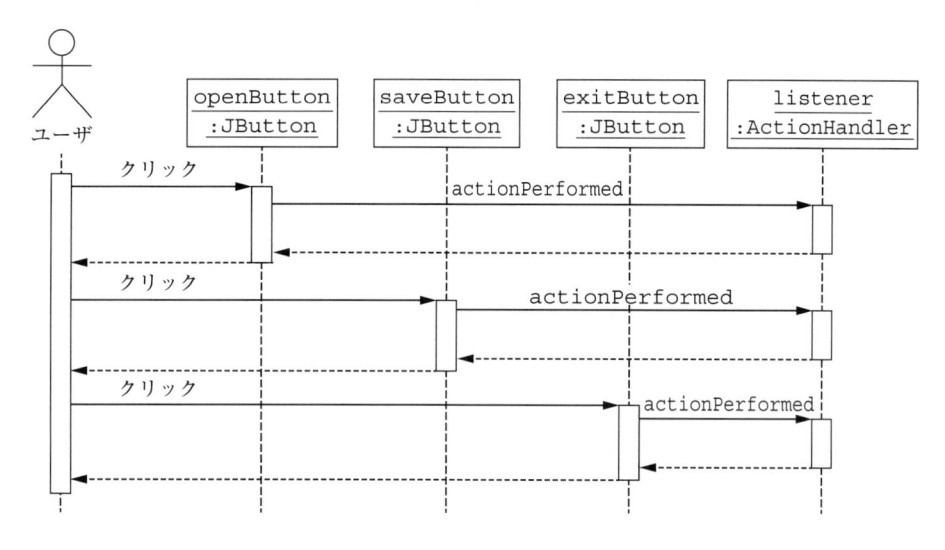

図5.4　ButtonTest01のシーケンス図

```
1   package ch05;
2
3   import java.awt.event.ActionEvent;
4   import java.awt.event.ActionListener;
5
6   import javax.swing.BoxLayout;
7   import javax.swing.JButton;
8   import javax.swing.JFrame;
9   import javax.swing.JPanel;
10
11  public class ButtonTest01 extends JFrame {
12      JButton openButton, saveButton, exitButton; // ボタンを入れるフィールド
13      public static void main(String[] args) {
14          new ButtonTest01("ButtonTest01");
15      }
```

```
16    public ButtonTest01(String title){
17        super(title);
18        JPanel pane = (JPanel)getContentPane();
19        pane.setLayout(new BoxLayout(pane, BoxLayout.Y_AXIS));
20        ActionListener listener = new ActionHandler(); // リスナの生成
21        openButton = new JButton("開く"); // ボタンの生成
22        pane.add(openButton); // コンテントペインに追加
23        openButton.addActionListener(listener); // リスナの設定
24        saveButton = new JButton("保存");
25        pane.add(saveButton);
26        saveButton.addActionListener(listener);
27        exitButton = new JButton("終了");
28        pane.add(exitButton);
29        exitButton.addActionListener(listener);
30        setDefaultCloseOperation(JFrame.EXIT_ON_CLOSE);
31        setSize(300, 200);
32        setVisible(true);
33    }
34
35    class ActionHandler implements ActionListener {
36        public void actionPerformed(ActionEvent ae) {
37            JButton source = (JButton)ae.getSource();
38            // イベントソースを得る
39            if (source == openButton) { // どのボタンだったか
40                System.out.println("開くが押されました。");
41            } else if (source == saveButton) {
42                System.out.println("保存が押されました。");
43            } else if (source == exitButton) {
44                System.out.println("終了が押されました。");
45            }
46        }
47    }
48 }
```

図 5.5　ButtonTest01.java

　　ButtonTest01プログラムでは，各ボタンコンポーネントに同一のリスナを設定した。actionPerformed()メソッドの中で，ActionEventクラスのインスタンスからイベントソースを得て，どのボタンがクリックされたのかを調べている。

図 5.5　37 行目 ➡

　JButton source = (JButton)ae.getSource();
がイベントオブジェクトからイベントソースを取得する部分である。イベントソースを得たのちに，if文でどのボタンコンポーネントがイベントソースであったのかを調べている。ボタンコンポーネントを入れる変数をButtonTest01クラスのフィールドとしているのはこのためである。

　　別の実装方法としては，各ボタンに個別のリスナを設定してもよい。また，実行するコマンドが単純な場合にはリスナとして無名内部クラスを使ってもよい。今回の例がアクションイベントの基本となるので，よく復習をしてほしい。

5.2 アブストラクトアクションを継承したアクションクラスの利用

前節では，ActionEvent クラスを ActionListener インタフェースで扱う方法を見た。

① ActionListener インタフェースを実装したクラスで actionPerformed() メソッドを実装

② JButton コンポーネントの生成

③ JButton コンポーネントと ActionListener インタフェースを実装したクラスのインスタンスをリスナとして結び付ける

が必要であった。この手順に従えば，JButton コンポーネント上でユーザがマウスをクリックするたびに，リスナは actionPerformed メッセージを受け取ることができた。

本節では，抽象クラスである AbstractAction クラスを継承したクラス（以降，「アクションクラス」と表記するが，Java の Action インタフェースとは異なることに注意すること）をリスナとして設定する方法を見る。AbstractAction クラスは ActionListener インタフェースを実装しており，Swing ではよく使われている。その理由は次節以降で確認する。

ButtonTest01 プログラムと同様の動作をする ButtonTest02 プログラムを作成する。ButtonTest01 プログラムでは，コンポーネントの生成およびリスナの設定と，実際に動作する actionPerformed() メソッドの実装部分が離れて記述されていた。アクションクラスを利用すると，コンポーネントの生成，リスナの設定，actionPerformed() メソッドの実装がまとめて1つのクラス内に記述できる。

図5.6に ButtonTest02 プログラムのアクションクラスに関するクラス図，図5.7に ButtonTest02 プログラムのオブジェクト図，図5.8にシーケンス図，図5.9にプログラムを示す。実行結果は ButtonTest01 プログラムと同じなので省略する。

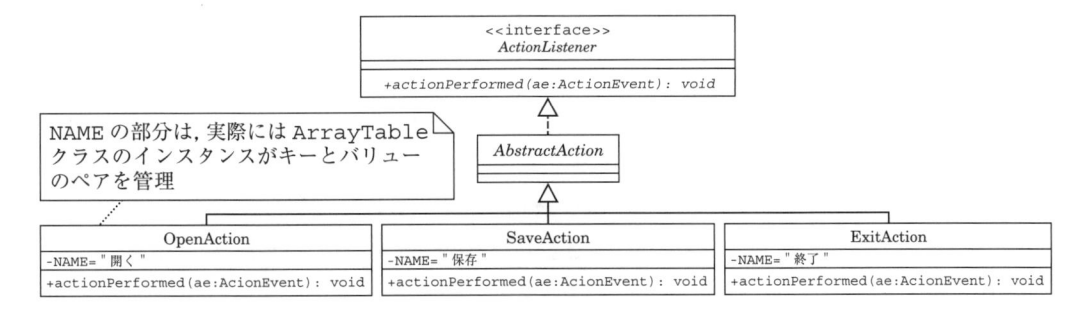

図 5.6 ButtonTest02 の Action 関係のクラス図

AbstractActionクラスはActionListenerインタフェースを実装することになっているが，実際にはactionPerformed()メソッドが実装されていないため抽象クラスのままとなる。AbstractActionクラスを継承する具象クラス（OpenActionクラス，SaveActionクラス，ExitActionクラス）でactionPerformed()メソッドをそれぞれ実装する。

AbstractActionクラスは，ArrayTableクラスのインスタンスを用いて必要な属性をキーと値のペアとして保持している。コンポーネントに表示する文字列のキーはNAME定数，アイコンのキーはSMALL_ICON定数，ツールチップのキーはSHORT_DESCRIPTION定数など，JavaのActionインタフェースに多くの定数が用意されている。今回はNAME定数をキーとする値のみを用いている。アクションクラスを用いると，属性と操作を1つのクラス内にまとめることができる。

ButtonTest02プログラムでは，各ボタンコンポーネントに対応するActionクラスのインスタンスがリスナとなっている。このため，それぞれに必要なactionPerformed()メソッドの実装を行うだけでよい。シーケンス図でボタンコンポーネントに対応したリスナが呼び出されていることを確認してほしい。

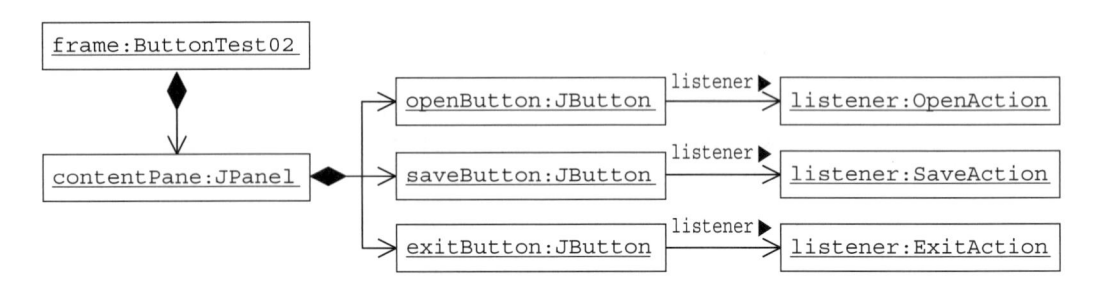

図 5.7 ButtonTest02 のオブジェクト図

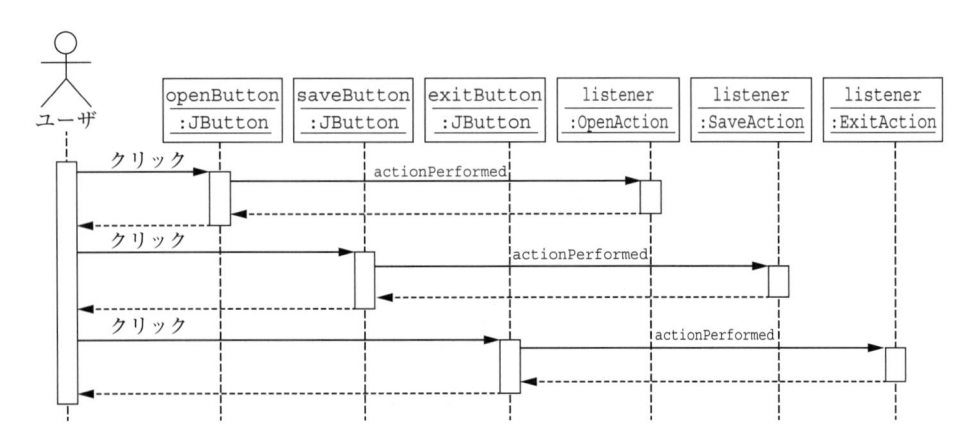

図 5.8 ButtonTest02 のシーケンス図

```java
package ch05;

import java.awt.event.ActionEvent;

import javax.swing.AbstractAction;
import javax.swing.Action;
import javax.swing.BoxLayout;
import javax.swing.JButton;
import javax.swing.JFrame;
import javax.swing.JPanel;

public class ButtonTest02 extends JFrame {
    JButton openButton, saveButton, exitButton; // ボタンを入れるフィールド
    public static void main(String[] args) {
        new ButtonTest02("ButtonTest02");
    }
    public ButtonTest02(String title){
        super(title);
        JPanel pane = (JPanel)getContentPane();
        pane.setLayout(new BoxLayout(pane, BoxLayout.Y_AXIS));
        openButton = new JButton(new OpenAction()); // アクションの生成
        pane.add(openButton); // コンテントペインに追加
        saveButton = new JButton(new SaveAction());
        pane.add(saveButton);
        exitButton = new JButton(new ExitAction());
        pane.add(exitButton);
        setDefaultCloseOperation(JFrame.EXIT_ON_CLOSE);
        setSize(300, 200);
        setVisible(true);
    }

    class OpenAction extends AbstractAction {
        OpenAction() {
            putValue(Action.NAME, " 開く ");
        }
        @Override
        public void actionPerformed(ActionEvent ae) {
            System.out.println(" 開くが押されました。");
        }
    }
    class SaveAction extends AbstractAction {
        SaveAction() {
            putValue(Action.NAME, " 保存 ");
        }
        @Override
        public void actionPerformed(ActionEvent ae) {
            System.out.println(" 保存が押されました。");
        }
    }
    class ExitAction extends AbstractAction {
        ExitAction() {
            putValue(Action.NAME, " 終了 ");
        }
        @Override
        public void actionPerformed(ActionEvent ae) {
            System.out.println(" 終了が押されました。");
        }
    }
}
```

図 5.9　ButtonTest02.java

各アクションクラスのコンストラクタでは，`putValue()` メソッドを用いてボタンに表示される文字列を設定している。以下が設定部分である。

```
putValue(Action.NAME, "開く");
```

図5.9 34行目 ➡

ほかの属性も同様に設定できる。また，`actionPerformed()` メソッドにはそのリスナで実行する内容だけが書かれている。

NAME属性のみを設定する場合は，以下のように文字列をパラメータとしてとるコンストラクタを記述してもよい。

```
OpenAction(String text){
        super(text);
}
```

JButtonクラスにはアクションクラスのインスタンスを渡すことができるコンストラクタが用意されている。これを用いるだけで，ボタンの見かけの設定とリスナの設定が完了する。ButtonTest01プログラムとButtonTest02プログラムの違いを比較しながら確認しておこう。

5.3 アクションクラスの活用

次に，メニューバー，ツールバーにアクションクラスを使用してみる。ButtonTest03 プログラムでは，ボタンと同じ機能をメニューバー，ツールバーにも設定する。実行結果を図5.10 に，プログラムを図5.11 に示す。

プログラムを実行し，「開く」ボタンコンポーネントをマウスでクリックしても，メニューバーでメニューの「開く」項目を選択しても，ツールバーの「開く」ボタンコンポーネントをマウスでクリックしても同じ結果がコンソールにプリントされることを確認してほしい。

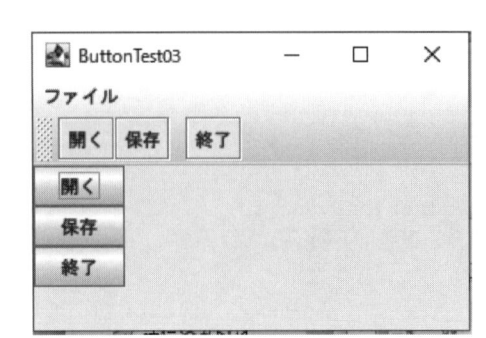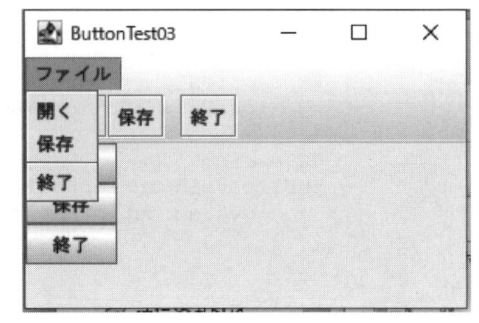

図5.10 ButtonTest03 の実行結果

```java
package ch05;

import java.awt.BorderLayout;
import java.awt.event.ActionEvent;

import javax.swing.AbstractAction;
import javax.swing.Action;
import javax.swing.BoxLayout;
import javax.swing.JButton;
import javax.swing.JFrame;
import javax.swing.JMenu;
import javax.swing.JMenuBar;
import javax.swing.JPanel;
import javax.swing.JToolBar;

public class ButtonTest03 extends JFrame {
    JButton openButton, saveButton, exitButton;
    public static void main(String[] args) {
        new ButtonTest03("ButtonTest03");
    }
    public ButtonTest03(String title) {
        super(title);
        JPanel pane = (JPanel)getContentPane();

        JPanel panel = new JPanel(); // ボタンをまとめるパネル
        panel.setLayout(new BoxLayout(panel, BoxLayout.Y_AXIS));
        openButton = new JButton(new OpenAction());
        panel.add(openButton);
        saveButton = new JButton(new SaveAction());
        panel.add(saveButton);
        exitButton = new JButton(new ExitAction());
        panel.add(exitButton);
        pane.add(panel, BorderLayout.CENTER);

        JToolBar toolBar = new JToolBar(); // ツールバー
        pane.add(toolBar, BorderLayout.NORTH);

        toolBar.add(new OpenAction());
        toolBar.add(new SaveAction());
        toolBar.addSeparator();
        toolBar.add(new ExitAction());

        JMenuBar menuBar = new JMenuBar(); // メニューバー
        setJMenuBar(menuBar);

        JMenu menu = new JMenu("ファイル");
        menuBar.add(menu);

        menu.add(new OpenAction());
        menu.add(new SaveAction());
        menu.addSeparator();
        menu.add(new ExitAction());

        setDefaultCloseOperation(JFrame.EXIT_ON_CLOSE);
        setSize(300, 200);
        setVisible(true);
    }

    class OpenAction extends AbstractAction {
        OpenAction() {
            putValue(Action.NAME, "開く");
        }
```

```
63          @Override
64          public void actionPerformed(ActionEvent ae) {
65              System.out.println(" 開くが押されました。");
66          }
67      }
68      class SaveAction extends AbstractAction {
69          SaveAction() {
70              putValue(Action.NAME, " 保存 ");
71          }
72          @Override
73          public void actionPerformed(ActionEvent ae) {
74              System.out.println(" 保存が押されました。");
75          }
76      }
77      class ExitAction extends AbstractAction {
78          ExitAction() {
79              putValue(Action.NAME, " 終了 ");
80          }
81          @Override
82          public void actionPerformed(ActionEvent ae) {
83              System.out.println(" 終了が押されました。");
84          }
85      }
86  }
```

図 5.11　ButtonTest03.java

図 5.11　25 行目 ➡

図 5.11　27 行目 ➡
図 5.11　28 行目 ➡

図 5.11　38 行目 ➡

図 5.11　49 行目 ➡

　各アクションクラスに変更はない。ButtonTest03 クラスのコンストラクタを注意深く見てほしい。ボタンコンポーネント群をまとめるために新たに JPanel クラスのインスタンスを生成し，各ボタンはこのパネルコンポーネントに追加している。このパネルコンポーネントをコンテントペインの中央に配置する。「開く」ボタンコンポーネントは以下のように生成し，パネルコンポーネントに追加している。

```
openButton = new JButton(new OpenAction());
panel.add(openButton);
```

　次にツールバーを生成する。これは前章で学習したとおりである。ただし，ボタンの追加方法が異なる。単にツールバーにアクションクラスのインスタンスを追加するだけで，ボタンコンポーネントが生成され，リスナも自動的に設定される。「開く」ボタンは以下のようにアクションクラスのインスタンスを直接ツールバーに追加するだけでよい。

```
toolBar.add(new OpenAction());
```

　最後にメニューバーである。メニューバーを生成し，メニューを追加するところまではこれまでと同じである。メニューにアクションクラスのインスタンスを追加するだけで，メニュー項目コンポーネントが生成され，リスナも設定される。「開く」メニュー項目は以下のようにアクションクラスのインスタンスを直接メニューに追加すればよい。

```
menu.add(new OpenAction());
```

アクションクラスにはこのような便利な使い方があるので，Swingで
よく使われる。

5.4　ラムダ式の利用

リスナのメソッドが単純な場合には，無名内部クラスを使用すること
ができた(2.4節参照)。ほかにも無名関数を実現するラムダ式(lambda
expression)を使うこともできる。ButtonTest01プログラムと同じ動作
をするButtonTest04プログラムはリスナにラムダ式を用いている。プ
ログラムを図5.12に示す。リスナのインタフェースにメソッドが1つだ
けの場合に利用できる。

関数型インタフェース(functional interface)は，抽象メソッドを1つ
だけ持つインタフェースのことであり，この種のインタフェースであれ
ばラムダ式が利用できる。

ButtonTest04プログラムのコンストラクタ内のリスナの設定部分，

```
openButton.addActionListener(
    e-> System.out.println("開くが押されました。"));
```

の

```
e -> System.out.println("開くが押されました。")
```

の部分がラムダ式となる。ラムダ式に興味のある読者は詳細を調べてみ
よう。

図 5.12　19行目 ➡

```
1   package ch05;
2
3   import javax.swing.BoxLayout;
4   import javax.swing.JButton;
5   import javax.swing.JFrame;
6   import javax.swing.JPanel;
7
8   public class ButtonTest04 extends JFrame {
9       JButton openButton, saveButton, exitButton; // ボタンを入れるフィールド
10      public static void main(String[] args) {
11          new ButtonTest04("ButtonTest04");
12      }
13      public ButtonTest04(String title) {
14          super(title);
15          JPanel pane = (JPanel)getContentPane();
16          pane.setLayout(new BoxLayout(pane, BoxLayout.Y_AXIS));
17
18          openButton = new JButton("開く"); // ボタンの生成
19          openButton.addActionListener(
20              e -> System.out.println("開くが押されました。"));
21          pane.add(openButton); // コンテントペインに追加
22
23          saveButton = new JButton("保存");
24          saveButton.addActionListener(
25              e -> System.out.println("保存が押されました。"));
```

```
26    pane.add(saveButton);
27
28    exitButton = new JButton("終了");
29    exitButton.addActionListener(
30        e -> System.out.println("終了が押されました。"));
31    pane.add(exitButton);
32
33    setDefaultCloseOperation(JFrame.EXIT_ON_CLOSE);
34    setSize(300, 200);
35    setVisible(true);
36    }
37 }
```

図 5.12 ButtonTest04.java

5.5 ラジオボタンとチェックボックス

前章では，ラジオボタンとチェックボックスの見かけの部分を作成した。本節では，ラジオボタンとチェックボックスにアクションクラスを適用して動かしてみよう。

5.5.1 ラジオボタン

前章ではラジオボタンの見かけと単一選択の動作について確認した。ここではアクションクラスを用いて，ラジオボタンコンポーネントのアクションイベントを取り扱う RadioButtonTest02.java を作成しよう。図 5.13 にプログラムの実行結果，図 5.14 に RadioButtonTest02 のプログラムを示す。選択した項目がコンソールにプリント文で表示される。前章と同じく 3 つのラジオボタンコンポーネントは同一のボタングループに所属させる。ボタンと同様に選択時のアクションイベントを取り扱えばよい。

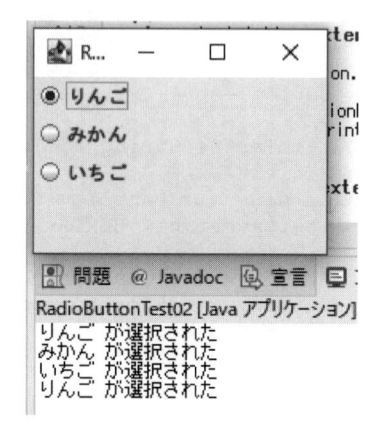

図 5.13　RadioButtonTest02 の実行結果

```java
package ch05;

import java.awt.event.ActionEvent;

import javax.swing.AbstractAction;
import javax.swing.Action;
import javax.swing.BoxLayout;
import javax.swing.ButtonGroup;
import javax.swing.JFrame;
import javax.swing.JPanel;
import javax.swing.JRadioButton;

public class RadioButtonTest02 extends JFrame {
    public static void main(String[] args) {
        new RadioButtonTest02("RadioButtonTest02");
    }
    public RadioButtonTest02(String title) {
        super(title);
        JPanel pane = (JPanel)getContentPane();
        pane.setLayout(new BoxLayout(pane, BoxLayout.Y_AXIS));
        ButtonGroup buttonGroup = new ButtonGroup();
        JRadioButton button = new JRadioButton(new AppleAction());
        pane.add(button); // コンテントペインに追加
        buttonGroup.add(button); // ボタングループにも追加
        button = new JRadioButton(new OrangeAction());
        pane.add(button); // コンテントペインに追加
        buttonGroup.add(button); // ボタングループにも追加
        button = new JRadioButton(new StrawberryAction());
        pane.add(button); // コンテントペインに追加
        buttonGroup.add(button); // ボタングループにも追加
        setDefaultCloseOperation(JFrame.EXIT_ON_CLOSE);
        setSize( 200, 150 );
        setVisible( true );
    }
    class AppleAction extends AbstractAction {
        AppleAction() {
            putValue(Action.NAME, "りんご");
        }
        @Override
        public void actionPerformed(ActionEvent ae) {
            System.out.println((String)getValue(Action.NAME)
                +" が選択された ");
        }
    }
    class OrangeAction extends AbstractAction {
        OrangeAction() {
            putValue(Action.NAME, "みかん");
        }
        @Override
        public void actionPerformed(ActionEvent ae){
            System.out.println((String)getValue(Action.NAME)
                +" が選択された ");
        }
    }
    class StrawberryAction extends AbstractAction {
        StrawberryAction() {
            putValue(Action.NAME, "いちご");
        }
        @Override
        public void actionPerformed(ActionEvent ae){
            System.out.println((String)getValue(Action.NAME)
                +" が選択された ");
```

```
63              }
64          }
65  }
```

図 5.14　RadioButtonTest02.java

　各アクションクラスの`actionPerformed()`メソッドのプリント文の中では，`getValue()`メソッドを，

```
(String)getValue(Action.NAME)
```

として使用し，`putValue()`メソッドで設定した `NAME` キーに対応する値を得て，もとの`String`型にキャストしている。

5.5.2　チェックボックス

　チェックボックスでは，アクションイベント発生時にチェックボックスコンポーネントが，選択されたのか，選択解除になったのかを調べる必要がある。`JCheckBox`クラスの`isSelected()`メソッドを使って選択状態を調べることができる。`CheckBoxTest02.java`では，チェックボックスコンポーネントが選択状態になったのか，選択解除になったのかをコンソールにプリントする。図5.15 に実行結果，図5.16 に`CheckBoxTest02`のプログラムを示す。

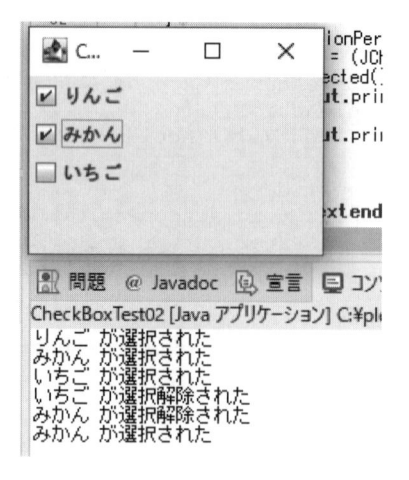

図 5.15　CheckBoxTest02 の実行結果

```
1  package ch05;
2
3  import java.awt.event.ActionEvent;
4
5  import javax.swing.AbstractAction;
6  import javax.swing.Action;
7  import javax.swing.BoxLayout;
8  import javax.swing.JCheckBox;
9  import javax.swing.JFrame;
10 import javax.swing.JPanel;
```

```java
public class CheckBoxTest02 extends JFrame {
    public static void main(String[] args) {
        new CheckBoxTest02("CheckBoxTest02");
    }
    public CheckBoxTest02(String title) {
        super(title);
        JPanel pane = (JPanel)getContentPane();
        pane.setLayout(new BoxLayout(pane, BoxLayout.Y_AXIS));
        JCheckBox button = new JCheckBox(new AppleAction());
        pane.add(button); // コンテントペインに追加
        button = new JCheckBox(new OrangeAction());
        pane.add(button); // コンテントペインに追加
        button = new JCheckBox(new StrawberryAction());
        pane.add(button); // コンテントペインに追加
        setDefaultCloseOperation(JFrame.EXIT_ON_CLOSE);
        setSize(200, 150);
        setVisible(true);
    }
    class AppleAction extends AbstractAction {
        AppleAction() {
            putValue(Action.NAME, "りんご");
        }
        @Override
        public void actionPerformed(ActionEvent ae) {
            JCheckBox cb = (JCheckBox)ae.getSource();
            // イベントソースを得る
            if (cb.isSelected()) { // 選択か解除かのチェック
                System.out.println((String)getValue(Action.NAME)
                    +" が選択された ");
            } else {
                System.out.println((String)getValue(Action.NAME)
                    +" が選択解除された ");
            }
        }
    }
    class OrangeAction extends AbstractAction {
        OrangeAction() {
            putValue(Action.NAME, "みかん");
        }
        @Override
        public void actionPerformed(ActionEvent ae) {
            JCheckBox cb = (JCheckBox)ae.getSource();
            // イベントソースを得る
            if (cb.isSelected()) {
                System.out.println((String)getValue(Action.NAME)
                    +" が選択された ");
            } else {
                System.out.println((String)getValue(Action.NAME)
                    +" が選択解除された ");
            }
        }
    }
    class StrawberryAction extends AbstractAction {
        StrawberryAction() {
            putValue(Action.NAME, "いちご");
        }
        @Override
        public void actionPerformed(ActionEvent ae) {
            JCheckBox cb = (JCheckBox)ae.getSource();
            // イベントソースを得る
            if (cb.isSelected()) {
```

```
73        System.out.println((String)getValue(Action.NAME)
74            +" が選択された ");
75    } else {
76        System.out.println((String)getValue(Action.NAME)
77            +" が選択解除された ");
78    }
79        }
80    }
81 }
```

図 5.16　CheckBoxTest02.java

各アクションクラスの actionPerformed() メソッド内の if 文では，チェックボックスコンポーネントの isSelected() メソッドを使用している。

図 5.16　38,55,72 行目

```
cb.isSelected()
```

の式が，true であれば選択状態，false であれば選択解除状態であることを使用して，どちらの状態であるのかをプリント文で表示している。

まとめ

本章では基本となるアクションイベントについて学んだ。ActionEvent クラスを取り扱う ActionListener リスナの実装方法，AbstractAction を継承したアクションクラスをリスナにする方法，メニューバーとツールバーにアクションクラスを設定する方法について学習した。また，ラジオボタンとチェックボックスにもアクションクラスを設定して動作を確認した。

練習問題

1．プログラム ButtonTest05.java を作成しなさい。

図 5.17 に示すように，「増やす」ボタンを押すとカウントが増えるようにしなさい。カウント値はプリント文で表示すればよい。初期値はコンストラクタ内で設定し，その値をコンソールにプリントする。

余力のある読者は，図 5.18 に示すように，「減らす」ボタンを追加してカウントを減らし，「クリア」ボタンを追加してカウントを 0 にできるようにしなさい。

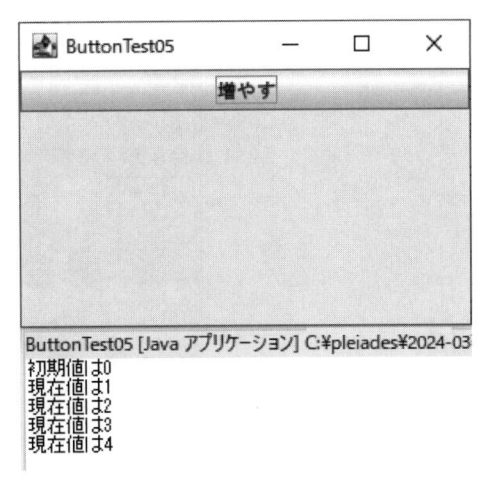

図 5.17　ButtonTest05 の実行結果

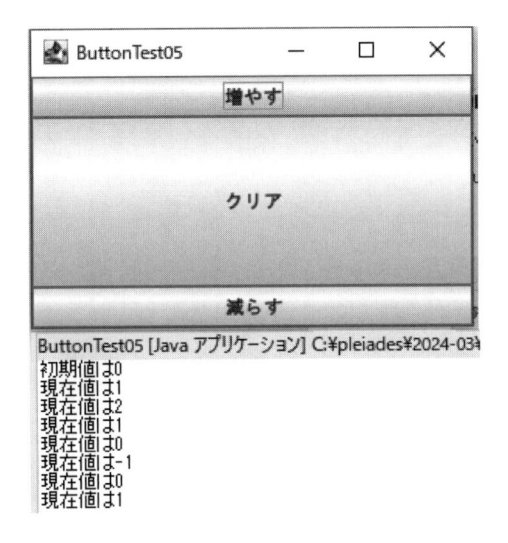

図 5.18　ButtonTest05 への機能追加

2. プログラム ButtonTest06.java を作成しなさい。

　ButtonTest05.java をもとにして，図 5.19 に示すようにメニューバーを追加して，メニューからも操作ができるようにしなさい。

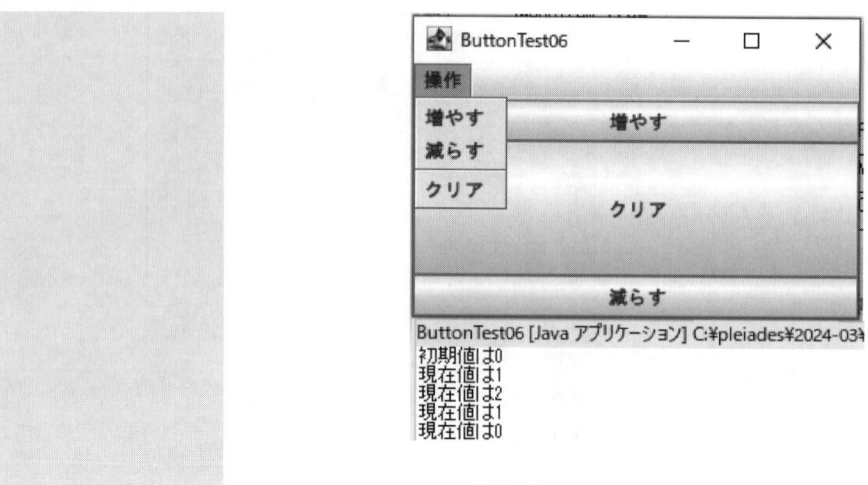

図 5.19　ButtonTest06 の実行結果

キー入力イベントと
パネルコンポーネントへの描画

本章では，キーボードの入力を取り扱うキーイベントについて学ぶ。キーイベントは入力モードによって挙動が変わるので，日本語入力モードはオフにしておく。パネルコンポーネントへの描画方法についても扱う。

6.1 キーイベントとキーリスナ

一般的にコンポーネントはキーイベントを処理することができる。AWTにKeyEventクラスとKeyListenerインタフェースが用意されている。表6.1に示す3種類のイベント型が用意されている。KeyListenerインタフェースでは，この3種に対応した抽象メソッド(keyPressed(), keyTyped(), keyReleased())が宣言されている。

表6.1 キーイベントの型

キーイベントの型	概要
KeyEvent.KEY_PRESSED	キーが押された
KeyEvent.KEY_TYPED	キーがタイプされた（押して離した）
KeyEvent.KEY_RELEASED	キーが離された

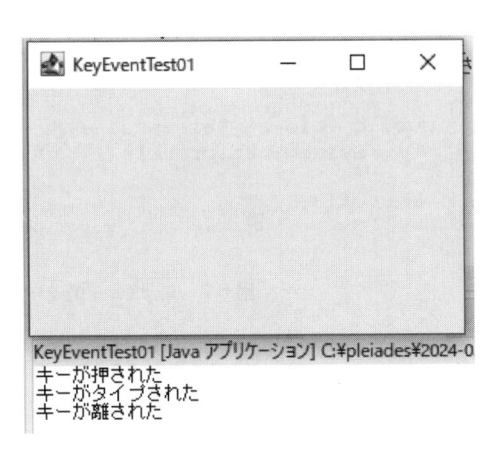

図6.1 KeyEventTest01 の実行結果

まずはコンテントペインにキーリスナを設定してみる。図6.1にKeyEventTest01プログラムの実行結果，図6.2にプログラムを示す。リスナはKeyListenerインタフェースの3つのメソッドを実装する必

要がある。JPanelコンポーネントでキーイベントを有効にするには，setFocusable()メソッドのパラメータをtrueにして呼び出しておく必要がある。キーボードの文字のキーを押して放してみると，

①キーが押された
②キーがタイプされた
③キーが離された

の順にコンソールにプリントされ，キーを押して離すとこの順にイベントが発生することがわかる。

```
1  package ch06;
2  
3  import java.awt.event.KeyEvent;
4  import java.awt.event.KeyListener;
5  
6  import javax.swing.JFrame;
7  import javax.swing.JPanel;
8  
9  public class KeyEventTest01 extends JFrame {
10      public static void main(String[] args) {
11          new KeyEventTest01("KeyEventTest01");
12      }
13      public KeyEventTest01(String title){
14          super(title);
15          JPanel panel = (JPanel)getContentPane();
16          panel.setFocusable(true); // キーイベントを取得できるようにする
17          panel.addKeyListener(new KeyHandler()); // キーリスナの設定
18          setDefaultCloseOperation(JFrame.EXIT_ON_CLOSE);
19          setSize(300, 200);
20          setVisible(true);
21      }
22      class KeyHandler implements KeyListener { // キーリスナの実装
23          public void keyPressed(KeyEvent ke) {
24              System.out.println("キーが押された");
25          }
26          public void keyTyped(KeyEvent ke){
27              System.out.println("キーがタイプされた");
28          }
29          public void keyReleased(KeyEvent ke){
30              System.out.println("キーが離された");
31          }
32      }
33  }
```

図6.2 KeyEventTest01.java

図6.2 16行目

```
panel.setFocusable(true);
```

でフォーカスを有効にし，キーイベントを取得できるようにする。それ以外はこれまで学んできた内容と同様に，KeyListenerインタフェースを実装したクラスで，それぞれのイベント型に応じたメソッドを実装している。

6.2　キーアダプタ

これまで見た例と同様に，`KeyListener`インタフェースには3つの抽象メソッドが宣言されており，その実装クラスではすべてのメソッドを実装しなければならない。`KeyListener`インタフェースにも対応する`KeyAdapter`クラスがアダプタとして用意されているため，`KeyAdapter`クラスを継承したクラスをリスナとすれば，必要なメソッドだけを実装すればよい。`KeyEventTest02`プログラムでは，`KeyAdapter`クラスを使用し，`keyTyped()`メソッドのみを実装してみる。図6.3にプログラムを示す。

こちらも以前の例と同様に，`KeyAdapter`クラスを継承したクラスをリスナとしているので，`keyTyped()`メソッドのみを実装すればよい。

```java
 1  package ch06;
 2
 3  import java.awt.event.KeyAdapter;
 4  import java.awt.event.KeyEvent;
 5
 6  import javax.swing.JFrame;
 7  import javax.swing.JPanel;
 8
 9  public class KeyEventTest02 extends JFrame {
10      public static void main(String[] args) {
11          new KeyEventTest02("KeyEventTest02");
12      }
13      public KeyEventTest02(String title) {
14          super(title);
15          JPanel panel = (JPanel)getContentPane();
16          panel.setFocusable(true);
17          panel.addKeyListener(new KeyHandler()); // キーリスナの設定
18          setDefaultCloseOperation(JFrame.EXIT_ON_CLOSE);
19          setSize(300, 200);
20          setVisible(true);
21      }
22      class KeyHandler extends KeyAdapter { // キーアダプタの継承
23          @Override
24          public void keyTyped(KeyEvent ke) {
25              System.out.println(" キーがタイプされた ");
26          }
27      }
28  }
```

図6.3　KeyEventTest02.java

6.3　キー情報の取得

`KeyEvent`クラスからキーの情報を取得してみる。`KeyEventTest03`

プログラムでは，キーイベントから，キーの文字，キーコード，モディファイア（修飾）キーの情報を取得してプリントする。図6.4に実行結果，図6.5にプログラムを示す。モディファイアキーは，Shiftキー，Altキー，Ctrlキーのように，これらのキーを押しながらほかのキーを押すことによって，異なる入力ができるようにするキーのことである。

図6.4　KeyEventTest03の実行結果

　図6.4では，キーボードの「a」キーをタイプしたのちに，Shiftキーを押しながら「a」キーを押した結果（大文字のA）がコンソールに表示されている。ほかのキーやモディファイアキーも併用していろいろ試してほしい。次に，keyPressed()メソッドをkeyTyped()メソッドに書き換えて動作を試してほしい。

　KeyEventクラスのgetKeyChar()メソッドを使用するとchar型の文字が得られる。特殊キーの場合は0になる。getKeyCode()メソッドでは，キーに割り当てられたコードが整数値として得られる。KeyEventクラスのgetKeyText()メソッドにこの整数値を渡すと文字列に変換してくれる。モディファイアキーは修飾キーとも呼ばれ，getModifiersEx()メソッドで整数値として得られる。InputEventクラスのgetModifiersExText()メソッドにこの整数値を渡すと文字列に変換してくれる。また，isモディファイアキーDown()メソッドも用意されている。

図6.5　27行目 ➡
図6.5　30行目 ➡
図6.5　31行目 ➡
図6.5　35行目 ➡
図6.5　37行目 ➡

```
1   package ch06;
2
3   import java.awt.event.InputEvent;
4   import java.awt.event.KeyAdapter;
5   import java.awt.event.KeyEvent;
6
7   import javax.swing.JFrame;
8   import javax.swing.JPanel;
9
10  public class KeyEventTest03 extends JFrame {
11      public static void main(String[] args) {
12          new KeyEventTest03("KeyEventTest03");
```

```
13          }
14      public KeyEventTest03(String title) {
15          super(title);
16          JPanel panel = (JPanel)getContentPane();
17          panel.setFocusable(true);
18          panel.addKeyListener(new KeyHandler()); // キーリスナの設定
19          setDefaultCloseOperation(JFrame.EXIT_ON_CLOSE);
20          setSize(300, 200);
21          setVisible(true);
22      }
23      class KeyHandler extends KeyAdapter { // キーアダプタの継承
24          @Override
25          public void keyPressed(KeyEvent ke) {
26              System.out.println(" キーが押された ");
27              char keyChar = ke.getKeyChar();
28              System.out.println(" 文字 : "+ keyChar);
29
30              int keyCode = ke.getKeyCode();
31              String keyText = KeyEvent.getKeyText(keyCode);
32              System.out.println(" キーコード : "+ keyCode + " "
33                  + keyText);
34
35              int modifier = ke.getModifiersEx();
36              String modifierText = InputEvent.
37              getModifiersExText(modifier);
38              System.out.println(" モディファイア : "+ modifier + " "
39                  + modifierText);
40
41              if(ke.isShiftDown()) {
42                  System.out.println("Shift キーも併用された ");
43              }
44              if(ke.isControlDown()) {
45                  System.out.println("Control キーも併用された ");
46              }
47              if(ke.isAltDown() ){
48                  System.out.println("Alt キーも併用された ");
49              }
50          }
51      }
52  }
53
```

図 6.5　KeyEventTest03.java

6.4　キー入力と描画

　　キーの入力を用いて描画する例を見る。JPanel クラスを継承して独自のパネルクラスを定義する。新たに作成するパネルクラスの void paintComponent(Graphics g) メソッドに独自の描画処理を記述する。具体的な描画方法については，このメソッドのパラメータとなっている Graphics クラスの API ドキュメントを参照してほしい。AWT のフレームワークにより，画面の再描画が必要になると repaint() メソッドが呼ばれ，その中から paint() メソッド，paintComponent() メソッ

第6章　キー入力イベントとパネルコンポーネントへの描画
ドの順に呼び出される。

　　KeyEventTest04プログラムでは，上下左右のカーソルキーを押すと
その方向に円が移動する。実行例を図6.6，プログラムを図6.7に示す。

図 6.6　KeyEventTest04 の実行結果

```
 1  package ch06;
 2
 3  import java.awt.Color;
 4  import java.awt.Graphics;
 5  import java.awt.event.KeyAdapter;
 6  import java.awt.event.KeyEvent;
 7
 8  import javax.swing.JFrame;
 9  import javax.swing.JPanel;
10
11  public class KeyEventTest04 extends JFrame {
12      private int currentX = 100, currentY = 100; // 現在の座標を保持
13      private TestPanel testPanel; // 作成したパネルを入れる
14      public static void main(String[] args) {
15          new KeyEventTest04("KeyEventTest04");
16      }
17      public KeyEventTest04(String title) {
18          super(title);
19          JPanel pane = (JPanel)getContentPane();
20          testPanel = new TestPanel(); // 描画用パネルの生成
21          testPanel.setFocusable(true); // パネルでキーボード入力を扱う場合に必要
22          testPanel.addKeyListener(new KeyHandler()); // リスナの設定
23
24          pane.add(testPanel);
25          setDefaultCloseOperation(JFrame.EXIT_ON_CLOSE);
26          setSize(400, 300);
27          setVisible(true);
28      }
29      class TestPanel extends JPanel { // 独自のパネルを定義
30          @Override
31          public void paintComponent(Graphics g) { // ここに描画したい内容を書く
32              super.paintComponent(g); // 背景を再描画する
33              g.setColor(Color.blue); // 色を設定
34              g.fillOval(currentX, currentY, 10, 10); // 塗りつぶしの円を描く
35          }
36      }
37      class KeyHandler extends KeyAdapter {
38          @Override
39          public void keyPressed(KeyEvent ke) {
```

```
40    int keyCode = ke.getKeyCode();
41    switch (keyCode) { // キーによって
42        case KeyEvent.VK_UP: // ↑
43            currentY -= 2;
44            break;
45        case KeyEvent.VK_DOWN: // ↓
46            currentY += 2;
47            break;
48        case KeyEvent.VK_LEFT: // ←
49            currentX -= 2;
50            break;
51        case KeyEvent.VK_RIGHT: // →
52            currentX += 2;
53            break;
54        default:
55            break;
56    }
57    testPanel.repaint(); // パネルを明示的に再描画
58        }
59    }
60 }
```

図 6.7　KeyEventTest04.java

図 6.7　12行目 ➡
　描画するための座標を保持するフィールドcurrentX，currentY
を用意して初期化している。これらの値をキー入力によって増減す
図 6.7　39行目 ➡
ることによって円を移動させる。keyPressed()メソッド内でキー
図 6.7　41行目 ➡
コードを得て，switch文により値を変更する。キーコードについて
はKeyEventクラスで定義されている定数を参照してほしい。最後に
図 6.7　57行目 ➡
repaint()メソッドを明示的に呼び出して再描画を行う。

図 6.7　31行目 ➡
　TestPanelクラスはJPanelクラスを継承した独自の描画を行うク
ラスである。paintComponent()メソッドをオーバライドして，描画
図 6.7　32行目 ➡
したい内容を書く。最初にスーパクラスのpaintComponent()メソッ
ドを呼び出して背景を再描画しておく。パラメータのgにGraphicsク
ラスのインスタンスが渡されてくるので，これに対して描画に関するメ
図 6.7　33行目 ➡
ソッド呼び出しを行って描画を行う。今回は描画色を青に設定したあと
図 6.7　34行目 ➡
に，左上の座標をcurrentX，currentY，幅10，高さ10の範囲に塗
りつぶしの円を描いている。

図 6.7　32行目 ➡
　super.paintComponent(g);
をコメントにすると，背景が再描画されないので，円の移動軌跡が描か
れる。試してみよう。

まとめ

本章ではキーイベントについて学んだ。KeyEventクラスを取り扱う

KeyListenerインタフェースの実装方法，KeyAdapterクラスを継承したクラスをリスナにする方法について学習した。独自のパネルを作成して，Graphicsクラスの基本的な使い方も見た。

　本章で取り扱っていないトピックスとして，キーの組み合わせ入力に対してアクションイベントを発生するするキーストローク（KeyStrokeクラス），いわゆるキーボードショートカットがある。興味のある読者は調べて使ってみよう。

練習問題

1. プログラム KeyEventTest05.java を作成しなさい。

　　ウィンドウの中央に押されたキーの文字を表示するプログラムを作成しなさい。キーの文字が得られるものだけを表示対象とし，モディファイアキーや特殊キーは対象としなくてよい。

　ヒント：GraphicsクラスのdrawString()メソッド

2. プログラム KeyEventTest01.java のクラス図およびオブジェクト図を描きなさい。

3. プログラム KeyEventTest02.java のクラス図およびオブジェクト図を描きなさい。

本章では，マウスイベントについて学ぶ。最初にマウスボタンに関するイベント MouseEvent クラスを取り扱う。次に，マウス移動に関するイベント MouseMotionEvent クラスを取り扱う。マウスイベントを組み合わせてパネルコンポーネントに描画も行う。

7.1　マウスイベントとマウスリスナ，マウスアダプタ

MouseEvent クラスは MouseListener インタフェースを実装したクラスをリスナとする。マウスイベントの型は5種類ある。マウスイベントの型を表7.1に示す。MouseListener インタフェースには，この5種類のイベントに対応する抽象メソッドが宣言されている。

表 7.1　MouseEvent の型

マウスイベントの型	概要
MouseEvent.MOUSE_PRESSED	マウスボタンが押された
MouseEvent.MOUSE_RELEASED	マウスボタンが離された
MouseEvent.MOUSE_CLICKED	マウスボタンがクリックされた
MouseEvent.MOUSE_ENTERED	領域にマウスカーソルが入った
MouseEvent.MOUSE_EXITED	領域からマウスカーソルが出た

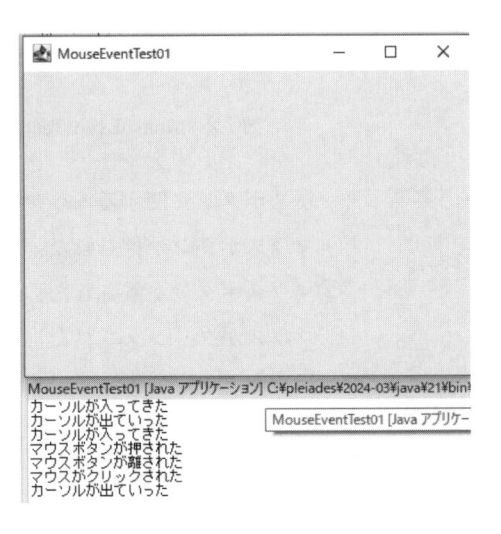

図 7.1　MouseEventTest01 の実行結果

MouseEventTest01プログラムでは，この5種類のイベントの型をコンソールにプリントするプログラムである。実行結果を図7.1，プログラムを図7.2に示す。

```java
package ch07;

import java.awt.event.MouseEvent;
import java.awt.event.MouseListener;

import javax.swing.JFrame;
import javax.swing.JPanel;

public class MouseEventTest01 extends JFrame {
    public static void main(String[] args) {
        new MouseEventTest01("MouseEventTest01");
    }
    public MouseEventTest01(String title) {
        super(title);
        JPanel pane = (JPanel)getContentPane();
        pane.addMouseListener(new MouseHandler()); // リスナを登録
        setDefaultCloseOperation(JFrame.EXIT_ON_CLOSE);
        setSize(400, 300);
        setVisible(true);
    }
    class MouseHandler implements MouseListener { // リスナの定義
        public void mousePressed(MouseEvent me) {
            System.out.println(" マウスボタンが押された ");
        }
        public void mouseReleased(MouseEvent me) {
            System.out.println(" マウスボタンが離された ");
        }
        public void mouseClicked(MouseEvent me) {
            System.out.println(" マウスがクリックされた ");
        }
        public void mouseEntered(MouseEvent me) {
            System.out.println(" カーソルが入ってきた ");
        }
        public void mouseExited(MouseEvent me) {
            System.out.println(" カーソルが出ていった ");
        }
    }
}
```

図7.2 MouseEventTest01.java

マウスボタンに関するイベントは，マウスをクリックすると，

①マウスボタンが押された

②マウスボタンが離された

③マウスがクリックされた

の順にイベントが発生していることがわかる。領域内でマウスボタンを押したまま，領域外に出て，マウスボタンを離すとクリックは成立しないことも確認してほしい。

これまでと同様に，MouseListenerインタフェースを実装したMouseAdapterクラスが用意されている。

7.2 マウスイベントからの座標取得

MouseEvent クラスから座標情報を取得してコンソールにプリントしてみよう。コンポーネントの領域内でマウスボタンをクリックするとその座標をプリントする MouseEventTest02 プログラムを作成する。MouseEventTest02 プログラムでは, MouseAdapter クラスを使用する。座標系はコンポーネントの左上が基準 (0, 0) となる。またスクリーン上の左上を基準とした座標を得ることもできる。ほかのコンポーネントを基準とした座標変換もできるので調べてみてほしい。実行結果を図7.3, プログラムを図7.4に示す。ウィンドウを動かしてからマウスボタンをクリックして, スクリーン座標の値が変わることを確認しよう。

図7.3 MouseEventTest02 の実行結果

```
1   package ch07;
2
3   import java.awt.event.MouseAdapter;
4   import java.awt.event.MouseEvent;
5
6   import javax.swing.JFrame;
7   import javax.swing.JPanel;
8
9   public class MouseEventTest02 extends JFrame {
10      public static void main(String[] args) {
11          new MouseEventTest02("MouseEventTest02");
12      }
13      public MouseEventTest02(String title) {
14          super(title);
15          JPanel pane = (JPanel)getContentPane();
16          pane.addMouseListener(new MouseHandler());
17          setDefaultCloseOperation(JFrame.EXIT_ON_CLOSE);
18          setSize(400, 300);
19          setVisible(true);
20      }
```

```
21  class MouseHandler extends MouseAdapter {
22      @Override
23      public void mouseClicked(MouseEvent me) {
24          System.out.println("マウスがクリックされた");
25          System.out.println("x座標は" + me.getX() + "y座標は"
26              + me.getY());
27          System.out.println("点は" + me.getPoint());
28          System.out.println("スクリーン上のx座標は"
29              + me.getXOnScreen());
30          System.out.println("スクリーン上のy座標は"
31              + me.getYOnScreen());
32      }
33  }
34 }
```

図7.4　MouseEventTest02.java

図7.4　25,26行目 ➡

図7.4　27行目 ➡

図7.4　29,31行目 ➡

　MouseEventクラスのgetX()，getY()メソッドで，それぞれコンポーネントの左上の座標を基準としたx座標，y座標が整数型で得られる。getPoint()メソッドを使用するとPointクラスのインスタンスとして得られる。スクリーン座標が得たい場合には，それぞれgetXOnScreen()，getYOnScreen()メソッドが用意されている。ここでは使用していないが，コンポーネント間の座標変換は，SwingUtilitiesクラスのconvertPoint()メソッドを調べよう。

7.3　マウスモーションイベント

　MouseEventクラスにはほかのマウス関係のイベントもある。マウスの動きを検出するにはマウス移動イベントがある。イベントとしてはMouseEventクラスであるが，対応するリスナはMouseMotionListenerインタフェースである。イベントの型は2種類ある。

表7.2　MouseEventのマウス移動イベントの型

マウスイベントの型	概要
MouseEvent.MOUSE_MOVED	マウスが動いた
MouseEvent.MOUSE_DRAGGED	マウスがドラッグされた

　MouseEventTest03プログラムでは，マウスの移動とドラッグのイベントを取得し，座標とともにコンソールにプリント文で表示する。プログラムを実行してみると，大量のイベントが発生していることがわかる。図7.5にMouseEventTest03プログラムの実行結果，図7.6にプログラムを示す。

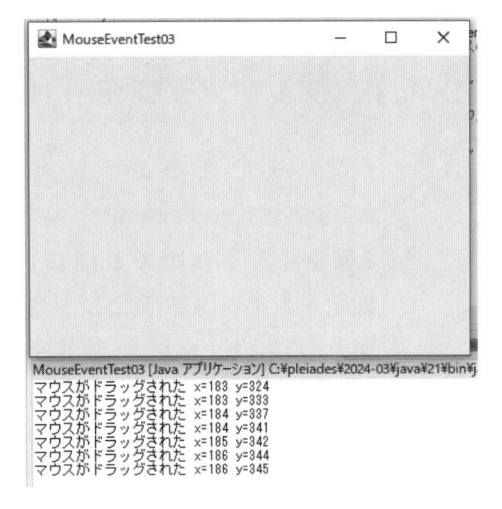

MouseEventTest03 [Java アプリケーション] C:\pleiades\2024-03\java\21\bin\j
```
マウスがドラッグされた x=183 y=324
マウスがドラッグされた x=183 y=333
マウスがドラッグされた x=184 y=337
マウスがドラッグされた x=184 y=341
マウスがドラッグされた x=185 y=342
マウスがドラッグされた x=186 y=344
マウスがドラッグされた x=186 y=345
```

図 7.5　MouseEventTest03 の実行結果

```java
package ch07;

import java.awt.event.MouseEvent;
import java.awt.event.MouseMotionListener;

import javax.swing.JFrame;
import javax.swing.JPanel;

public class MouseEventTest03 extends JFrame {
    public static void main(String[] args) {
        new MouseEventTest03("MouseEventTest03");
    }
    public MouseEventTest03(String title){
        super(title);
        JPanel pane = (JPanel)getContentPane();
        pane.addMouseMotionListener(new MouseMotionHandler());
        // リスナの設定
        setDefaultCloseOperation(JFrame.EXIT_ON_CLOSE);
        setSize(400, 300);
        setVisible(true);
    }
    class MouseMotionHandler implements MouseMotionListener {
        public void mouseMoved(MouseEvent me) { // マウスの移動
            int x = me.getX();
            int y = me.getY();
            System.out.println("マウスが動いた x=" + x + " y=" + y);
        }
        public void mouseDragged(MouseEvent me) { // マウスのドラッグ
            int x = me.getX();
            int y = me.getY();
            System.out.println("マウスがドラッグされた x="
                + x + " y=" + y);
        }
    }
}
```

図 7.6　MouseEventTest03.java

7.4　マウスインプットアダプタ

　これまで見たように，MouseListener インタフェースと MouseMotionListener インタフェースの抽象メソッドは合計 7 個ある。これまでと同様に，MouseInputAdapter アダプタを継承したクラスを使えば，自分が必要とするメソッドだけを定義すればよい。対象コンポーネントには，addMouseListener() メソッドと addMouseMotionListener() メソッドの両方に MouseInputAdapter クラスを継承したクラスのインスタンスを渡せばよい。

　MouseEventTest04 プログラムでは，MouseInputAdapter クラスを使用し，MouseListener インタフェースの mousePressed() メソッドと MouseMotionListener インタフェースの mouseDragged() メソッドを実装して，マウスをドラッグしている間，線を描くプログラムを作成する。図 7.7 にイベントに応じて線を描くアルゴリズムのイメージ図を示す。マウスを押すと最初の始点の座標を得る。ドラッグすると終点の座標を得て短い線分を引き，終点の座標を次の始点の座標とする。これをドラッグしている間繰り返すことによって線を描く。このように，イベント駆動型プログラミングでは，ユーザが最終的に実行したい処理をイベントに振り分けて分割する必要がある。図 7.8 に実行結果，図 7.9 にプログラムを示す。

　図 7.7 の説明と図 7.9 のプログラムを見比べてほしい。最初に mousePressed() メソッドが呼び出されたあと，mouseDragged() メソッドが繰り返し呼び出される。この例で，ユーザの操作からのイベントの発生状況とそこから導き出される処理結果についてよく考察してほしい。

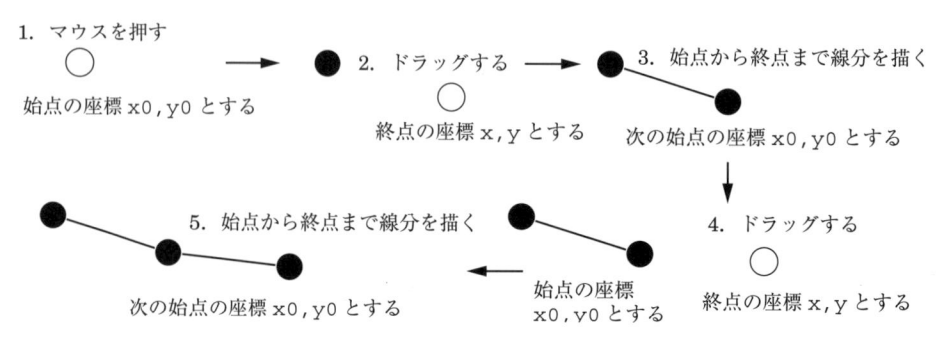

図 7.7　イベントと線の描画方法

図7.8 MouseEventTest04 の実行結果

```java
package ch07;

import java.awt.Graphics;
import java.awt.event.MouseEvent;

import javax.swing.JFrame;
import javax.swing.JPanel;
import javax.swing.event.MouseInputAdapter;

public class MouseEventTest04 extends JFrame {
    private int x0 = 0, y0 = 0; // 始点の宣言と初期化
    private JPanel pane;
    public static void main(String[] args) {
        new MouseEventTest04("MouseEventTest04");
    }
    public MouseEventTest04(String title) {
        super(title);
        pane = (JPanel)getContentPane();
        pane.addMouseListener(new MouseHandler());
        pane.addMouseMotionListener(new MouseHandler());
        // 両方に同じリスナを設定
        setDefaultCloseOperation(JFrame.EXIT_ON_CLOSE);
        setSize(400, 300);
        setVisible(true);
    }
    class MouseHandler extends MouseInputAdapter { // リスナの実装
        @Override
        public void mousePressed(MouseEvent me) {
        // マウスを押した位置が始点
            x0 = me.getX();
            y0 = me.getY();
        }
        @Override
        public void mouseDragged(MouseEvent me) {
        // マウスをドラッグした位置が終点
            Graphics g = pane.getGraphics(); // グラフィックスコンテキストを得る
            int x = me.getX();
            int y = me.getY();
            g.drawLine(x0, y0, x, y); // 線分を引く
            x0 = x; // 現在の終点を次の始点にする
            y0 = y;
        }
    }
}
```

図7.9 MouseEventTest04.java

7.5　ラバーバンド

　　次に，インタラクティブに線分を描画する方法を見る。マウスをドラッグしている間は線分がゴムのように伸び縮み（ラバーバンド）し，マウスボタンを離すと線分として確定される。MouseEventTest05プログラムとして実装する。図7.10にプログラム，図7.11に実行例を示す。実際に実行して試してほしい。

```java
package ch07;

import java.awt.Color;
import java.awt.Graphics;
import java.awt.Point;
import java.awt.event.MouseEvent;

import javax.swing.JFrame;
import javax.swing.JPanel;
import javax.swing.event.MouseInputAdapter;

public class MouseEventTest05 extends JFrame {
    private Point startPoint = new Point(-1, -1); // 線分の始点
    private Point endPoint = new Point(-1, -1); // 線分の終点
    private Point currentPoint = new Point(-1, -1); // 現在の点
    private Point previousPoint = new Point(-1, -1); // １つ前の点
    private JPanel pane;

    public static void main(String[] args) {
        new MouseEventTest05("MouseEventTest05");
    }
    public MouseEventTest05(String title) {
        super(title);
        pane = (JPanel) getContentPane();
        pane.addMouseListener(new MouseHandler()); // リスナを設定
        pane.addMouseMotionListener(new MouseHandler()); // リスナを設定
        pane.setBackground(Color.white); // 背景を白に
        setDefaultCloseOperation(JFrame.EXIT_ON_CLOSE);
        setSize(400, 300);
        setVisible(true);
    }
    class MouseHandler extends MouseInputAdapter {
        @Override
        public void mousePressed(MouseEvent me) {
            startPoint = me.getPoint(); // 始点の設定
            previousPoint = startPoint; // 最初は１つ前の点も同じに
        }
        @Override
        public void mouseReleased(MouseEvent me) {
            endPoint = me.getPoint(); // 終点の設定
            Graphics g = pane.getGraphics();
            g.drawLine(startPoint.x, startPoint.y, endPoint.x,
                endPoint.y); // 確定の直線を描く
        }
        @Override
        public void mouseDragged(MouseEvent me) {
            currentPoint = me.getPoint();
            Graphics g = pane.getGraphics();
```

```
49    g.setXORMode(Color.yellow); // XOR モードで描画する
50    g.drawLine(startPoint.x, startPoint.y,
51        previousPoint.x, previousPoint.y);
52        // 以前に描いた直線が消える
53    g.drawLine(startPoint.x, startPoint.y,
54        currentPoint.x,currentPoint.y);
55        // 新しく直線を描く
56    previousPoint = currentPoint; // 現在の点を1つ前の点に設定
57            }
58        }
59 }
```

図7.10　MouseEventTest05.java

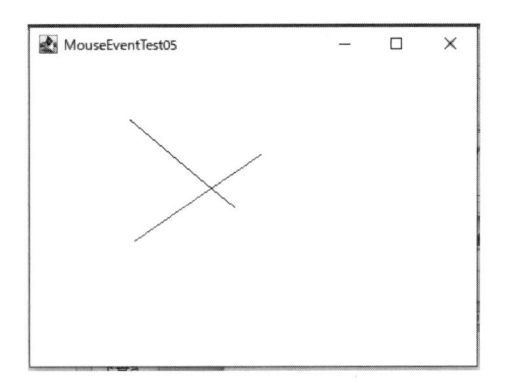

図7.11　MouseEventTest05 の実行例

　マウスボタンを押した点が始点，離した点が終点で確定の線分を描く。ドラッグしている間は，XOR（eXclusive OR：排他的論理和）モードで線分を2本描く。XORモードは，一度実行したあとに再度実行するともとに戻るという性質を利用してラバーバンドを実現している。

まとめ

　本章ではマウスイベントについて学んだ。MouseEvent クラスを取り扱う MouseListener インタフェースと MouseMotionListener インタフェースの実装方法，MouseAdapter クラスまたは MouseInputAdapter クラスを継承したクラスをリスナにする方法について学習した。実現したい GUI アプリケーションに合わせてユーザの処理をイベントに分割する例も見た。

　マウスに関するイベントはほかにもいろいろある。たとえばマウスボタンのクリック数をカウントしてシングルクリックとダブルクリックを見分けることもできる。マウスのどのボタンが使われたのかを調べる方法もある。キーイベントで触れたモディファイアキーとマウスボタンの

併用もある。マウスのホイールを扱ってスクロールする方法もある。興味のある読者は調べて使ってみよう。

練習問題

1．これまでの復習として，MouseEventTest01プログラムをマウスクリックのみに反応するように MouseAdapter クラスを使用して書き換えなさい。

2．プログラム MouseEventTest06.java を作成しなさい。

　図7.12に示すように，マウスのドラッグによって赤い点を描く。円の直径は自由に決めてよい。

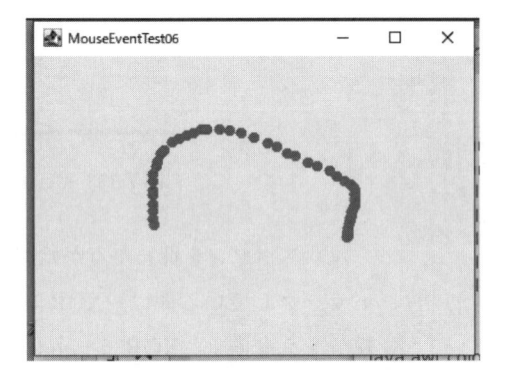

図7.12 MouseEventTest06 の実行結果

第8章 別ウィンドウによるユーザへの 情報提示および応答の入力

ここからはSwingの主な高レベルコンポーネントを紹介する（人間に近い側を高レベル，機械に近い側を低レベルと表現する）。複数のコンポーネントが組み合わされ，高度な機能が提供されている。本章では，ダイアログの基本を学んだあとに，ファイルダイアログについても学ぶ。

8.1 ダイアログボックス

これまではJFrameクラスにコンポーネントを追加する方法を見てきた。JFrameクラスで構成されたメインウィンドウのほかに，必要に応じて別ウィンドウを開いてユーザに情報を提示したり，問い合わせをしたりするために，ダイアログボックスが用意されている。Swingでは標準で高機能なダイアログボックスが用意されている。JDialogクラスとJOptionPaneクラスがあり，本章ではJOptionPaneクラスについて取り扱う。

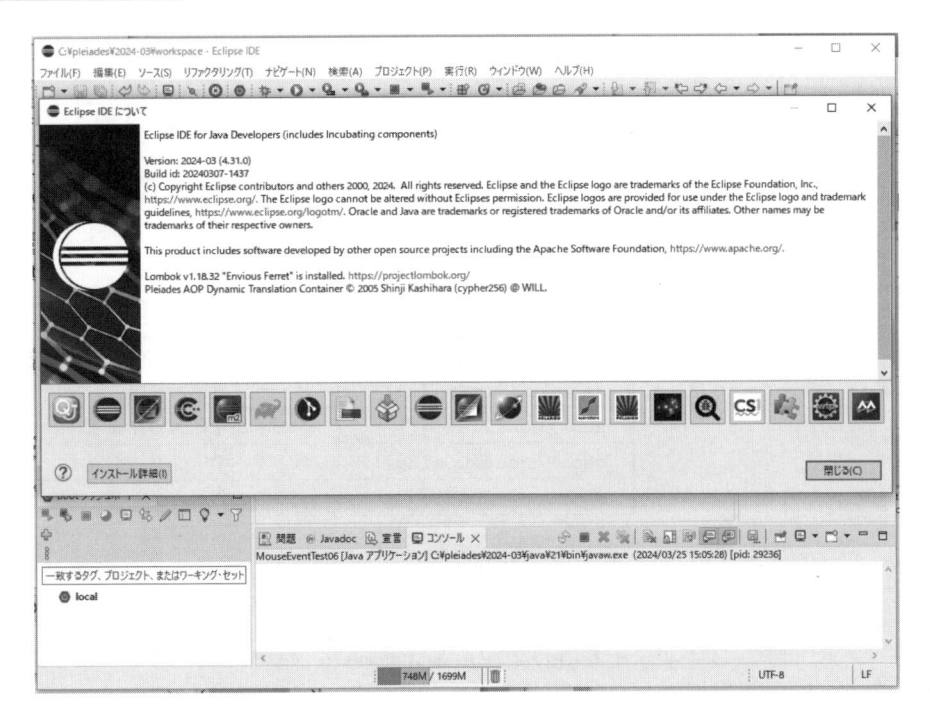

図8.1　Eclipseのダイアログの例

図 8.1 に Eclipse 統合開発環境のダイアログの例を示す。「ヘルプ」メニューから「Eclipse IDE について」を選択すると図のように別ウィンドウ（ダイアログボックス）が開いてユーザに情報が提示される。このダイアログボックスを閉じないと，もとのウィンドウの操作ができない。このように，ダイアログを閉じないともとのウィンドウの操作ができないダイアログは，モーダル（modal）なダイアログと呼ばれる。一方，ダイアログを閉じなくてももとのウィンドウが操作できるダイアログはモードレス（modeless）なダイアログと呼ばれる。JDialog クラスはモーダル・モードレスのどちらも設定でき，JOptionPane クラスはモーダルなダイアログのみ利用できる。

8.2　モーダルなダイアログ

JOptionPane クラスではクラスメソッドが数多く用意されており，必要なパラメータを与えるだけでさまざまなダイアログを実現できる。図 8.2 に showConfirmDialog() メソッドを使用して確認ダイアログを表示した例を示す。表 8.1 に JOptionPane クラスの主なメソッドを示す。このように必要なダイアログの型に応じたメソッドを呼び出せばよい。

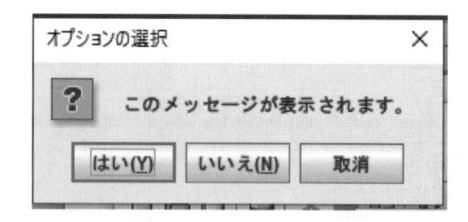

図 8.2　JOptionPane クラスの確認ダイアログの例

表 8.1　JOptionPane クラスの主なクラスメソッド

メソッド名	説明
showConfirmDialog()	ユーザに確認の要求
showInputDialog()	ユーザからの入力を要求
showMessageDialog()	ユーザへのメッセージ表示
showOptionDialog()	上の 3 つの組み合わせ

これらのメソッドはメソッド名が同じでパラメータの数が異なるメソッドを多数オーバーロード（overload）している。表 8.2 に確認ダイアログを表示する showConfirmDialog() メソッドのバリエーションを示す。詳細は API のドキュメントを参照してほしい。

表 8.3 にパラメータの意味を示す。表 8.3 の番号はパラメータの順番

表 8.2　showConfirmDialog() メソッドのバリエーション

パラメータ数	メソッドのシグネチャと戻り値
2	`static int showConfirmDialog(Component parentComponent, Object message)`
4	`static int showConfirmDialog(Component parentComponent, Object message, String title, int optionType)`
5	`static int showConfirmDialog(Component parentComponent, Object message, String title, int optionType, int messageType)`
6	`static int showConfirmDialog(Component parentComponent, Object message, String title, int optionType, int messageType, Icon icon)`

表 8.3　showConfirmDialog() メソッドのパラメータ

番号	内容
1	親のコンポーネント
2	ダイアログに表示する文字列，オブジェクトの配列でもよい
3	ダイアログのタイトル
4	ダイアログのオプションタイプ
5	ダイアログのメッセージタイプ
6	アイコン

表 8.4　showConfirmDialog() メソッドのオプションの型

オプションの型	メッセージ
`JOptionPane.DEFAULT_OPTION`	「OK」
`JOptionPane.YES_NO_OPTION`	「はい」「いいえ」
`JOptionPane.YES_NO_CANCEL_OPTION`	「はい」「いいえ」「取消」
`JOptionPane.OK_CANCEL_OPTION`	「OK」「取消」

表 8.5　showConfirmDialog() メソッドのメッセージの型

メッセージの型	アイコンの種類
`JOptionPane.ERROR_MESSAGE`	エラーアイコン
`JOptionPane.INFORMATION_MESSAGE`	通知アイコン
`JOptionPane.WARNING_MESSAGE`	警告アイコン
`JOptionPane.QUESTION_MESSAGE`	質問アイコン
`JOptionPane.PLAIN_MESSAGE`	アイコンなし

を表す。このように，メソッドをオーバロードした際に，パラメータの順番がメソッドによって変わらないように工夫されている。また，JOptionPane.java のソースコードを読むとわかるが，実際に処理が実装されているメソッドはパラメータ数が最大のメソッドのみで，ほかのメソッドはそれよりパラメータ数が少ないメソッドをパラメータのデフォルトの値を与えて呼び出しているだけである。これが複雑さを隠すためのメソッドのオーバロードのよい例である。

　表 8.4 に showConfirmDialog() メソッドのダイアログのオプション

の型，表8.5に`showConfirmDialog()`メソッドのダイアログのメッセージの型，表8.6に`showConfirmDialog()`メソッドの戻り値を示す。

それでは確認ダイアログを開いて，ユーザの選択結果を示すプログラム DialogTest01プログラムを試してみよう。図8.3にプログラムの実行結果，図8.4にプログラム DialogTest01.java を示す。

表 8.6 `showConfirmDialog()` メソッドの戻り値

選択したボタン	戻り値
「OK」	0
「はい」	0
「いいえ」	1
「取消」	2
ボタンを選ばずに閉じた	-1

図 8.3 DialogTest01 の実行結果

この例では，JFrame クラスのコンテントペインに JButton コンポーネントを貼り付け，そのボタンをマウスでクリックすると確認ダイアログが開く。コンソールにはダイアログの戻り値をプリントしている。実行結果では，確認ダイアログを開き「はい」，再度ダイアログを開き「いいえ」，再度ダイアログを開き「取消」，再度ダイアログを開き「ボタンを選ばずに右上の×で閉じる」と順に実行した結果が表示されている。

```java
package ch08;

import java.awt.event.ActionEvent;

import javax.swing.AbstractAction;
import javax.swing.JButton;
import javax.swing.JFrame;
import javax.swing.JOptionPane;
import javax.swing.JPanel;
```

```
10
11  public class DialogTest01 extends JFrame {
12      JPanel pane;
13      public static void main(String[] args) {
14          new DialogTest01("DialogTest01");
15      }
16      public DialogTest01(String title) {
17          super(title);
18          pane = (JPanel)getContentPane();
19          pane.add(new JButton(new OpenDialog()));
20          setDefaultCloseOperation(JFrame.EXIT_ON_CLOSE);
21          setSize(200, 100);
22          setVisible(true);
23      }
24      class OpenDialog extends AbstractAction {
25          OpenDialog(){
26              putValue(NAME, "ダイアログを開く");
27          }
28          @Override
29          public void actionPerformed(ActionEvent ae) {
30          // このメソッド内がポイント
31              String msg = "このメッセージが表示されます。";
32              int ans = JOptionPane.showConfirmDialog(pane, msg);
33              // ダイアログの表示
34              System.out.println("回答： " + ans);
35          }
36      }
37  }
```

図 8.4　DialogTest01.java

プログラム中で，以下のようにメソッドを呼び出すだけで確認ダイアログが表示でき，結果が整数型で得られることがわかる。

図 8.4　32 行目 ➡

```
int ans = JOptionPane.showConfirmDialog(pane, msg);
```

さらにパラメータが多い showConfirmDialog() メソッドを試してみてほしい。メッセージの型やオプションの型を変更して試してみよう。ボタンの数やアイコンが変化する。

8.3　ダイアログを適用するアプリケーションの準備

次にダイアログを具体的な GUI アプリケーションに組み込んでみる。最終的には画像ファイルを選択して，ラベルコンポーネントにその画像を表示する簡易的な画像ビューワを作成する。その前に骨格となる部分を作成する。DialogTest02 プログラムではまだダイアログは組み込んでいない。実行結果を図8.5，オブジェクト図を図8.6，プログラムを図8.7に示す。各メニュー項目とウィンドウの右上の閉じる×を押した場合には，文字列をコンソールにプリント文で表示するだけのリスナを設定している。動作を確認してほしい。

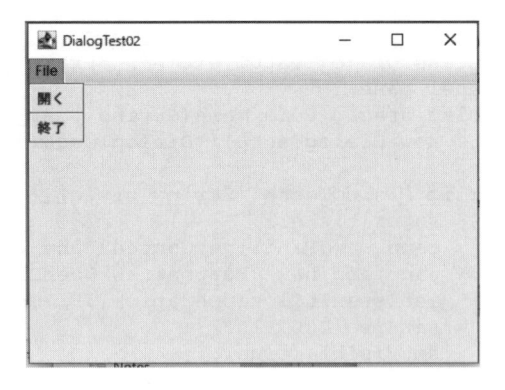

図 8.5 DialogTest02 の実行結果

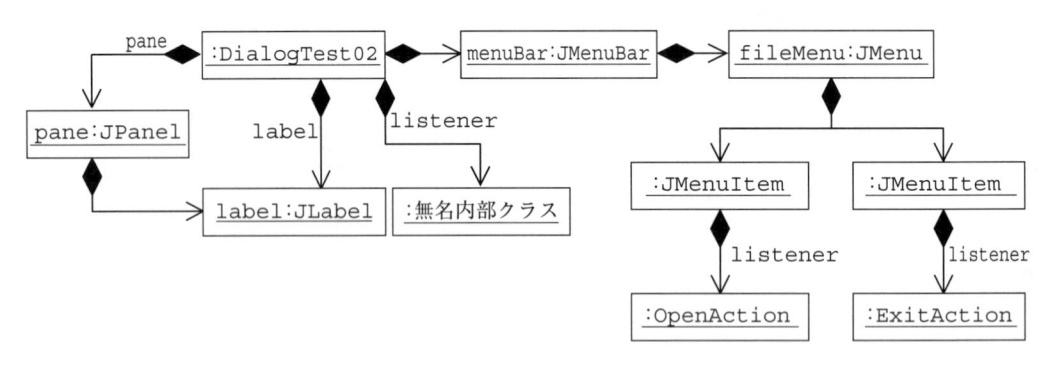

図 8.6 DialogTest02 のオブジェクト図

```
1   package ch08;
2
3   import java.awt.event.ActionEvent;
4   import java.awt.event.WindowAdapter;
5   import java.awt.event.WindowEvent;
6
7   import javax.swing.AbstractAction;
8   import javax.swing.Action;
9   import javax.swing.JFrame;
10  import javax.swing.JLabel;
11  import javax.swing.JMenu;
12  import javax.swing.JMenuBar;
13  import javax.swing.JPanel;
14
15  public class DialogTest02 extends JFrame {
16      JPanel pane;
17      JLabel label; // ラベルコンポーネントを入れるフィールド
18      public static void main(String[] args) {
19          new DialogTest02("DialogTest02");
20      }
21      public DialogTest02(String title) {
22          super(title);
23          // 以下、メニューの作成
24          JMenuBar menuBar = new JMenuBar();
25          setJMenuBar(menuBar);
26
27          JMenu fileMenu = new JMenu("File");
28          menuBar.add(fileMenu);
29
```

```
30          fileMenu.add(new OpenAction());
31          fileMenu.addSeparator();
32          fileMenu.add(new ExitAction());
33
34          pane = (JPanel)getContentPane();
35          label = new JLabel(); // 画像表示用のラベルコンポーネント
36          pane.add(label);
37
38          addWindowListener(new WindowAdapter() { // 無名内部クラス
39              public void windowClosing(WindowEvent we) {
40                  System.out.println("閉じるが押された。");
41              }
42          });
43          setDefaultCloseOperation(JFrame.EXIT_ON_CLOSE);
44          setSize(400, 300);
45          setVisible(true);
46      }
47      class OpenAction extends AbstractAction {
48          OpenAction() {
49              putValue(Action.NAME, "開く");
50          }
51          @Override
52          public void actionPerformed(ActionEvent ae) {
53              System.out.println("開くが選ばれました。");
54          }
55      }
56      class ExitAction extends AbstractAction {
57          ExitAction() {
58              putValue(Action.NAME, "終了");
59          }
60          @Override
61          public void actionPerformed(ActionEvent ae) {
62              System.out.println("終了が選ばれました。");
63          }
64      }
65  }
```

図 8.7　DialogTest02.java

これまで学習した内容を使用しているので復習も兼ねてプログラムを読んでおこう。

8.4　確認ダイアログの適用

次に確認ダイアログを適用してみよう。メニュー項目の「終了」を選んだ，またはウィンドウの右上の「閉じる×」を押した場合に，本当に終了してよいかユーザに確認するダイアログを出す DialogTest03 プログラムを作成する。ユーザが「はい」と答えた場合にだけプログラムを終了し，それ以外の場合はプログラムを継続する。図 8.8 に実行結果，図 8.9 にプログラムを示す。実行して動作を確認してほしい。メニュー項目の「開く」はまだ変更していないので動作しない。

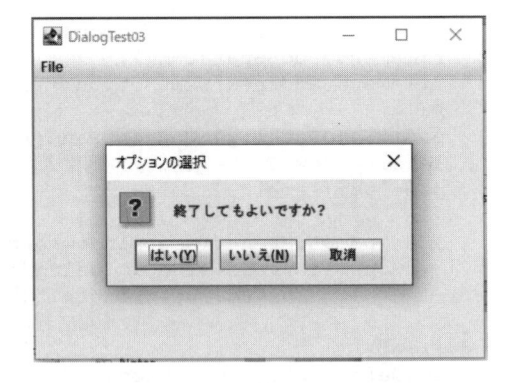

図 8.8　DialogTest03 の実行結果

```
1    package ch08;
2
3    import java.awt.event.ActionEvent;
4    import java.awt.event.WindowAdapter;
5    import java.awt.event.WindowEvent;
6
7    import javax.swing.AbstractAction;
8    import javax.swing.Action;
9    import javax.swing.JFrame;
10   import javax.swing.JLabel;
11   import javax.swing.JMenu;
12   import javax.swing.JMenuBar;
13   import javax.swing.JOptionPane;
14   import javax.swing.JPanel;
15
16   public class DialogTest03 extends JFrame {
17       JPanel pane;
18       JLabel label;
19       public static void main(String[] args) {
20           new DialogTest03("DialogTest03");
21       }
22       public DialogTest03(String title) {
23           super(title);
24
25           JMenuBar menuBar = new JMenuBar();
26           setJMenuBar(menuBar);
27
28           JMenu fileMenu = new JMenu("File");
29           menuBar.add(fileMenu);
30
31           fileMenu.add(new OpenAction());
32           fileMenu.addSeparator();
33           fileMenu.add(new ExitAction());
34
35           pane = (JPanel)getContentPane();
36           label = new JLabel();
37           pane.add(label);
38
39           addWindowListener(new WindowAdapter() { // 無名内部クラス
40               public void windowClosing(WindowEvent we) {
41                   System.out.println(" 閉じるが押された。");
42                   confirmExit(); // 破壊的な行為なのでユーザに確認する
43               }
44           });
45           setDefaultCloseOperation(JFrame.DO_NOTHING_ON_CLOSE);
```

```
46          // 何もしないように設定
47          setSize(400, 300);
48          setVisible(true);
49      }
50      private void confirmExit() {  // ダイアログで確認
51          String msg = "終了してもよいですか？";
52          int ans = JOptionPane.showConfirmDialog(pane, msg);
53          if (ans == 0) {
54              System.out.println("終了します。");
55              System.exit(0);  // プログラムの終了
56          }
57          System.out.println("終了しません。");
58      }
59      class OpenAction extends AbstractAction {
60          OpenAction() {
61              putValue(Action.NAME, "開く");
62          }
63          @Override
64          public void actionPerformed(ActionEvent ae) {
65              System.out.println("開くが選ばれました。");
66          }
67      }
68      class ExitAction extends AbstractAction {
69          ExitAction() {
70              putValue(Action.NAME, "終了");
71          }
72          @Override
73          public void actionPerformed(ActionEvent ae) {
74              System.out.println("終了が選ばれました。");
75              confirmExit();
76          }
77      }
78  }
```

図 8.9　DialogTest03.java

図 8.9　50行目 ➡

図 8.9　55行目 ➡

図 8.9　73行目 ➡
図 8.9　40行目 ➡

図 8.9　45行目 ➡

　　新たにプライベートな confirmExit() メソッドを作成し、この中で確認ダイアログを開き、その結果が「はい」を表す 0 の場合は System.exit(0); を呼び出してプログラムを終了する。それ以外の場合には何もせずに戻る。このメソッドを ExitAction クラスの actionPerformed() メソッドと、無名内部クラスの windowClosing() メソッドから呼び出す。

　無名内部クラス windowClosing() メソッドが呼ばれてももとのウィンドウでは何もしない設定とするために、DialogTest03 クラスのコンストラクタで以下の設定を行っている。

　setDefaultCloseOperation(JFrame.DO_NOTHING_ON_CLOSE);

　　これはウィンドウの右上の×でウィンドウを閉じようとした際に、何もしない設定である。この設定により、confirmExit() メソッドから戻った場合にプログラムが継続できる。

8.5 ファイルダイアログの組み込み

ファイルを開いたり保存したりすることはGUIアプリケーションに必須の機能である。SwingではJFileChooserクラスが用意されているため、ファイルの選択については容易に記述できる。DialogTest04プログラムでは、ファイルメニューの「開く」メニュー項目を実装してみる。「開く」を選択するとファイルダイアログが開く。図8.10に開いたダイアログを示す。ファイルを選択することができるほかにも、フォルダの移動や表示方法の変更もできる。画像ファイル（JPG，GIF，PNG）を選択して開くと、もとのウィンドウのラベル部分に選択した画像が表示される。これ以外の種類のファイルを選択した場合は何も表示されない。

前節のDialogTest03プログラムとの違いはOpenAcitonクラスのactionPerformed()メソッドのみである。プログラムは図8.11に示す。

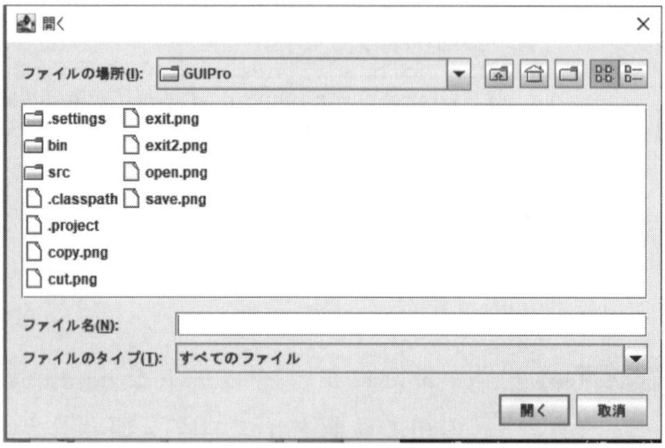

図8.11 76行目 ⬆

図8.10 DialogTest04のダイアログを開いた例

```
1   package ch08;
2
3   import java.awt.event.ActionEvent;
4   import java.awt.event.WindowAdapter;
5   import java.awt.event.WindowEvent;
6   import java.io.File;
7
8   import javax.swing.AbstractAction;
9   import javax.swing.Action;
10  import javax.swing.ImageIcon;
11  import javax.swing.JFileChooser;
12  import javax.swing.JFrame;
13  import javax.swing.JLabel;
14  import javax.swing.JMenu;
15  import javax.swing.JMenuBar;
16  import javax.swing.JOptionPane;
17  import javax.swing.JPanel;
18
```

```
19  public class DialogTest04 extends JFrame {
20      JPanel pane;
21      JLabel label; // 画像を表示するためのラベル
22      public static void main(String[] args) {
23          new DialogTest04("DialogTest04");
24      }
25      public DialogTest04(String title){
26          super(title);
27
28          JMenuBar menuBar = new JMenuBar();
29          setJMenuBar(menuBar);
30
31          JMenu fileMenu = new JMenu("File");
32          menuBar.add(fileMenu);
33
34          fileMenu.add(new OpenAction());
35          fileMenu.addSeparator();
36          fileMenu.add(new ExitAction());
37
38          pane = (JPanel)getContentPane();
39          label = new JLabel();
40          pane.add(label);
41
42          addWindowListener(new WindowAdapter() {
43              public void windowClosing(WindowEvent we) {
44                  System.out.println("閉じるが押された。");
45                  confirmExit();
46              }
47          });
48          setDefaultCloseOperation(JFrame.DO_NOTHING_ON_CLOSE);
49          setSize(400, 300);
50          setVisible(true);
51      }
52      private void confirmExit() {
53          String msg = "終了してもよいですか?";
54          int ans = JOptionPane.showConfirmDialog(pane, msg);
55          if (ans == 0) {
56              System.out.println("終了します。");
57              System.exit(0);
58          }
59          System.out.println("終了しません。");
60      }
61      class ExitAction extends AbstractAction {
62          ExitAction() {
63              putValue(Action.NAME, "終了");
64          }
65          @Override
66          public void actionPerformed(ActionEvent ae) {
67              System.out.println("終了が選ばれました。");
68              confirmExit();
69          }
70      }
71      class OpenAction extends AbstractAction {
72          OpenAction() {
73              putValue(Action.NAME, "開く");
74          }
75          @Override
76          public void actionPerformed(ActionEvent ae) {
77              System.out.println("開くが選ばれました。");
78              JFileChooser fileChooser = new JFileChooser(".");
79              // カレントディレクトリを指定
80              int ans = fileChooser.showOpenDialog(label);
81              // ファイルダイアログを開く
```

```
82    if(ans != JFileChooser.APPROVE_OPTION) {
83    // OK でなければ何もしない
84        return;
85    }
86    File file = fileChooser.getSelectedFile();
87    // 選択されたファイルを得る
88    String fileName = file.getAbsolutePath();
89    // ファイルの絶対パスを得る
90    ImageIcon image = new ImageIcon(fileName);
91    // 画像アイコンを生成
92    label.setIcon(image); // ラベルに画像を設定
93            }
94        }
95 }
```

図 8.11 DialogTest04.java

JFileChooserクラスのコンストラクタは複数ある。今回は基準ディレクトリをカレントディレクトリの文字列 "." として生成している。カレントディレクトリは，Eclipse統合開発環境の場合はプロジェクトのトップフォルダとなる。

ファイルダイアログは，ファイルを選ぶほかにもディレクトリを選ぶという使い方もある。表8.7にJFileChooserクラスのファイル選択モードを示す。今回使用したようにデフォルトはFILES_ONLYモードである。

表 8.7 JFileChooser クラスのファイル選択モード

モード	意味
FILES_ONLY	ファイルのみ選択可能
DIRECTORIES_ONLY	ディレクトリのみ選択可能
FILES_AND_DIRECTORIES	ファイルもディレクトリも選択可能

今回はファイルを開くためにshowOpenDialog()メソッドを呼び出した。ファイルを保存するにはshowSaveDialog()メソッドを呼び出せばよい。

JFileChooserコンポーネントを開いたあとの戻り値を表8.8に示す。JFileChooserクラスの定数として定義されている。定数APPROVE_OPTIONが戻ってきた場合のみファイルが選択されたことになる。

表 8.8 JFileChooser の戻り値

戻り値	意味
APPROVE_OPTION	「開く」または「保存」ボタンを押した
CANCEL_OPTION	「取消」ボタンを押した
ERROR_OPTION	「閉じる」を押した

今回のプログラムでは戻り値がAPPROVE_OPTIONでなかった場合

（図8.11 78行目）
（図8.11 80行目）
（図8.11 82行目）

には何もせずにreturn文で戻る。APPROVE_OPTIONだった場合には選択されたファイルを得て，処理を続ける。ファイルを得るにはgetSelectedFile()メソッドを用いる。

図8.11　86行目 ➡

　続いて，選択された画像ファイルをラベルコンポーネントに表示する。以前に使用したイメージアイコン（ImageIconクラス）はファイル名を文字列で渡すのが簡単である。Fileクラスのget AbsolutePath()

図8.11　88行目 ➡

メソッドを用いてフルパスの文字列を得る。この文字列を渡してImageIconクラスのインスタンスを生成し，それをラベルコンポーネントに設定すると画像が表示される。画像ファイルを用意して試してほしい。図8.12に画像ファイルを開いて表示した例を示す。このように簡易画像ビューワが実現できた。

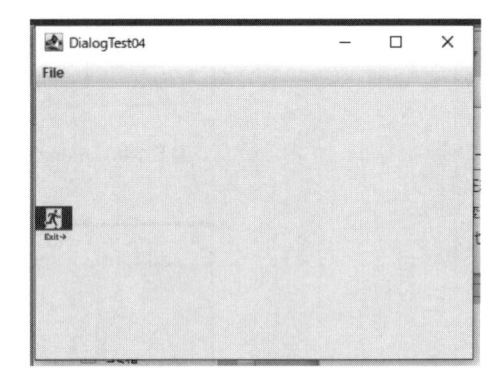

図 8.12　DialogTest04 プログラムで画像を開いた例

まとめ

　本章ではダイアログについて学んだ。ダイアログのうち，モーダルなダイアログを使用した。確認ダイアログとファイルダイアログの基本的な使い方についても学んだ。

練習問題

1．プログラム DialogTest05.java を作成しなさい。

　図 8.13 のように問い合わせを行うプログラムを作成しなさい。ユーザの答えによって確認ダイアログの内容が変わるようにしなさい。図 8.14 は「はい」，図 8.15 は「いいえ」を答えた場合のダイアログである。

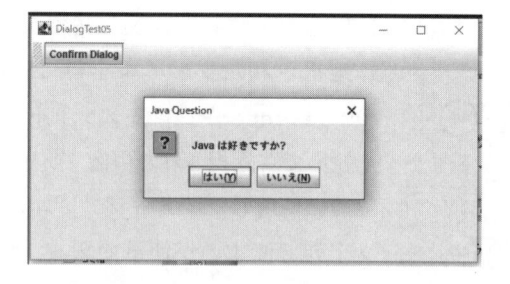

図 8.13　DialogTest05 の実行結果

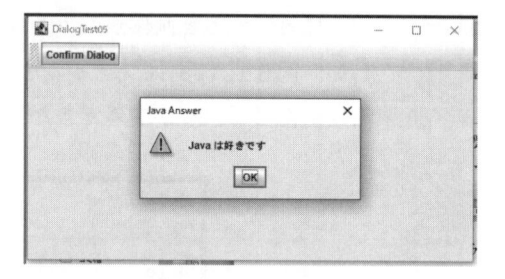

図 8.14　DialogTest05 の「はい」実行結果

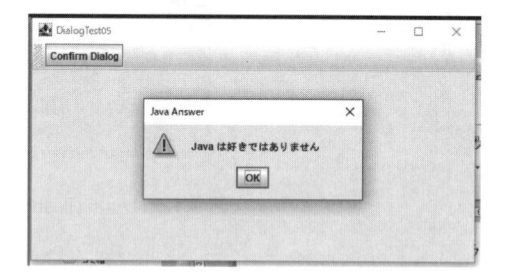

図 8.15　DialogTest05 の「いいえ」実行結果

単一行および複数行の文字列の入出力

本章では，テキストの入出力を行うテキストコンポーネントについて学ぶ。Swingでは，1行だけのテキスト入出力にはJTextFieldクラス，複数行のテキスト入出力にはJTextAreaクラスが用意されている。ほかにも各種のテキストコンポーネントが用意されているが，ここでは基本となるJTextFieldクラスとJTextAreaクラスを取り上げる。

9.1 テキストフィールド

JTextFieldクラスとして用意されているテキストフィールドコンポーネントは，1行のテキスト入出力に使われる。まず，テキストフィールドの見かけについて確認する。TextFieldTest01プログラムでは，テキストフィールドを5つ縦に並べている。図9.1に実行例を示す。一番上はテキストフィールドのみを表示している。次はパネルを用意し，左にラベルで「テキストフィールド2」と表示し，右にテキストフィールドを配置している。このように，右側のテキストフィールドが何のために用いられるのかを表示するラベルを組み合わせる方法がある。3番目はテキストフィールドにタイトル付きのボーダ（TitledBorderクラス）を設定した例である。タイトル付きボーダをテキストフィールドにsetBorder()メソッドで設定すれば，テキストフィールドに枠を付けて説明の文字列を付加できる。コンポーネントとしてはテキストフィールド1つのみの扱いになるため，配置の管理が容易になる。4番目はテキストフィールドのコンストラクタに文字列を渡してインスタンスを生成した例である。パラメータの文字列がテキストフィールドの初期値として表示される。最後はテキストフィールドのコンストラクタに整数値を渡してインスタンスを生成した例である。この例では「10」を渡しており，表示領域の桁数を表す。ただし，レイアウトマネージャによって必ずしもそのサイズになるわけではなく，その桁数以上の文字も入力可能である。このため3番目のテキストフィールドと見かけは変わらない。図9.2にTextFieldTest01.javaのプログラムを示す。図9.3にオブジェクト図を示す。コンポーネントの構成を確認してほしい。

図9.2 21行目

図9.2 24～28行目

図9.2 32行目

図9.2 35行目

図9.2 40行目

図 9.1　TextFieldTest01 の実行結果

```java
package ch09;

import java.awt.GridLayout;

import javax.swing.BoxLayout;
import javax.swing.JFrame;
import javax.swing.JLabel;
import javax.swing.JPanel;
import javax.swing.JTextField;
import javax.swing.border.TitledBorder;

public class TextFieldTest01 extends JFrame {
    public static void main(String[] args){
        new TextFieldTest01("TextFieldTest01");
    }
    public TextFieldTest01(String title) {
        super( title );
        JPanel pane = (JPanel)getContentPane();
        pane.setLayout(new BoxLayout(pane, BoxLayout.Y_AXIS));

        JTextField tf1 = new JTextField();
        pane.add(tf1);

        JPanel subpane = new JPanel(); // ラベルとテキストフィールドをまとめるパネル
        subpane.setLayout(new GridLayout(1,2));
        subpane.add(new JLabel(" テキストフィールド 2"));
        JTextField tf2 = new JTextField();
        subpane.add(tf2);
        pane.add(subpane);

        JTextField tf3 = new JTextField(); // パラメータなしコンストラクタ
        tf3.setBorder(new TitledBorder(" テキストフィールド 3"));
        pane.add(tf3);

        JTextField tf4 = new JTextField(" 初期値 ");
        // 初期文字列を与えるコンストラクタ
        tf4.setBorder(new TitledBorder(" テキストフィールド 4"));
        pane.add(tf4);

        JTextField tf5 = new JTextField(10); // 桁数指定コンストラクタ
        tf5.setBorder(new TitledBorder(" テキストフィールド 5"));
        pane.add(tf5);

        setDefaultCloseOperation(JFrame.EXIT_ON_CLOSE);
        setSize(400, 200);
        setVisible(true);
    }
}
```

図 9.2　TextFieldTest01.java

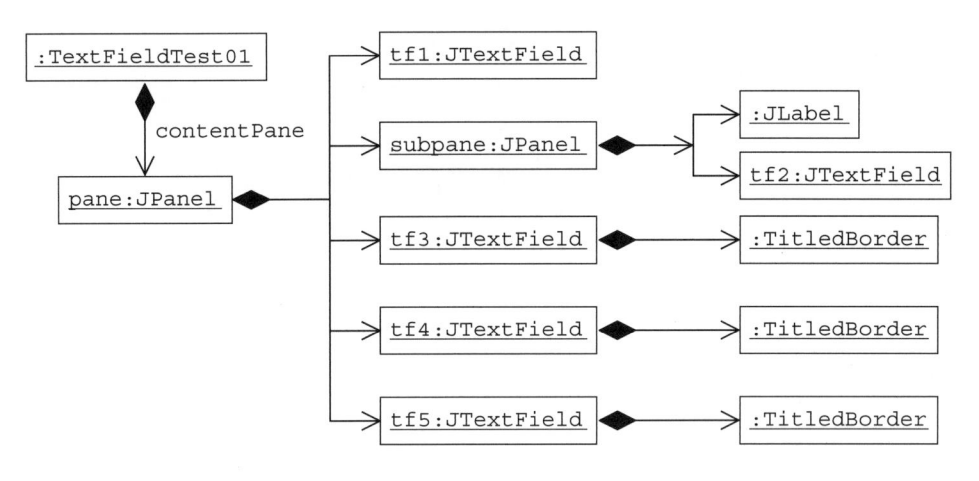

図 9.3 TextFieldTest01 のオブジェクト図

　まずはテキストフィールドの見かけについて試してみた。次にテキストトフィールドコンポーネントのイベントについて見ていこう。

9.2　テキストフィールドのイベント

　テキストフィールドのイベントには大きく2種類ある。テキストフィールド上でエンターキーを押した場合にはアクションイベントが発生する。また，入力された文字列が変化した場合には，テキストイベントが発生する。アクションイベントについてはすでに学んだ方法を使用すればよい。テキストイベントについては，TextListenerインタフェースを実装したクラスにtextValueChanged()メソッドを実装する。

　ここではアクションイベントを取り扱ってみよう。エンターキーを押すとその時点でテキストフィールドに入力されていた文字列をプリント文でコンソールに表示するプログラムTextFieldTest02を作成する。図9.4に実行結果を示す。図9.5にプログラムを示す。テキストフィールドにフォーカスがある状態でエンターキーを押すとコンソールにテキストフィールド内の文字列を表示する。テキストフィールド内の文字列を得るにはgetText()メソッドを使用する。今回の例では使用していないが，テキストフィールドにプログラムから文字列を設定する場合にはvoid setText(String title)メソッドを用いる。

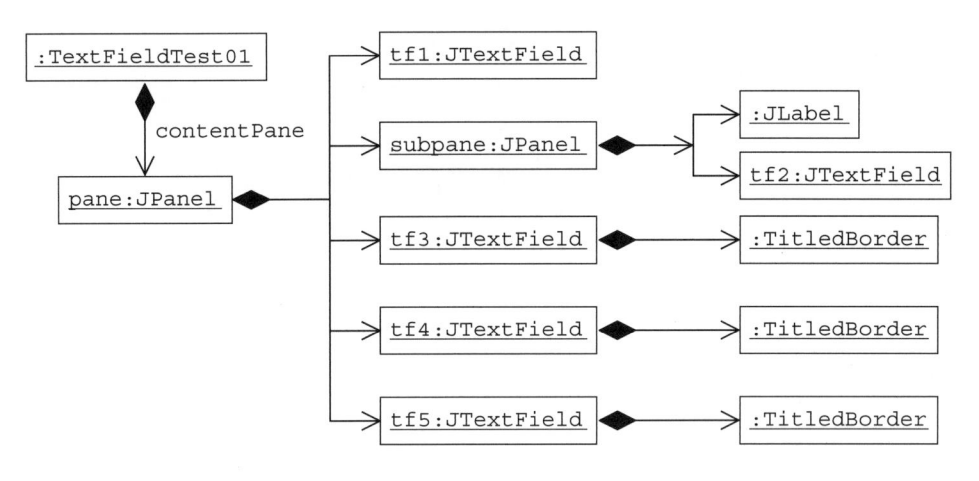図 9.5　30行目

　テキストフィールド内の文字列の変化を扱いたい場合にはAPIドキュメントのJTextFieldクラスを参照して試してみよう。

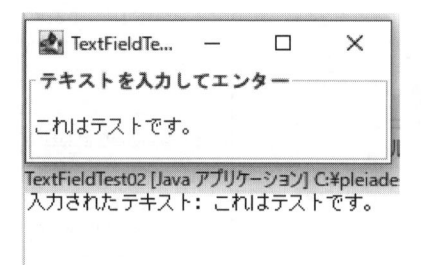

図 9.4 TextFieldTest02 の実行結果

```java
package ch09;

import java.awt.event.ActionEvent;
import java.awt.event.ActionListener;

import javax.swing.JFrame;
import javax.swing.JPanel;
import javax.swing.JTextField;
import javax.swing.border.TitledBorder;

public class TextFieldTest02 extends JFrame {
    public static void main(String[] args) {
        new TextFieldTest02("TextFieldTest02");
    }
    public TextFieldTest02(String title) {
        super(title);
        JPanel pane = (JPanel)getContentPane();
        JTextField tf = new JTextField();
        tf.setBorder(new TitledBorder(" テキストを入力してエンター "));
        tf.addActionListener(new TextActionHandler());
        // アクションリスナの設定
        pane.add(tf);
        setDefaultCloseOperation(JFrame.EXIT_ON_CLOSE);
        setSize(250, 100);
        setVisible(true);
    }
    class TextActionHandler implements ActionListener {
        public void actionPerformed(ActionEvent ae) {
            JTextField field = (JTextField)ae.getSource();
            String string = field.getText();
            System.out.println(" 入力されたテキスト : " + string);
        }
    }
}
```

図 9.5 TextFieldTest02.java

9.3 テキストフィールドとドキュメントクラス

高レベルなコンポーネントは，単一のオブジェクトで構成されているのではなく，複数のオブジェクトが組み合わされて構成される複合オブジェクト（complex object）として実装されている。役割の異なる複数の

オブジェクトを組み合わせ，委譲（delegation）を使用して多様な機能を実現している。委譲を使用すれば，実行時にオブジェクトを切り替えることによって機能を変更することもできる。

テキストフィールドはコンポーネントの見かけの部分を担当し，実際に文字列を保持する役割はドキュメントクラスが行っている。JTextFiledクラスのインスタンスを生成すると，デフォルトではjavax.swing.textパッケージのPlainDocumentクラスのインスタンスが組み合わされている。ここでは独自のドキュメントクラスを定義して，入力の制限を行う例を取り上げる。PlainDocumentクラスを継承した独自のクラスを定義し，insertString()メソッドをオーバライドして入力文字のチェックを行えばよい。JTextFiledクラスのAPIドキュメントでは，UpperCaseDocumentクラスを定義し，アルファベットを大文字のみに変換して保持する例が示されている。図9.6にこれらの関係をオブジェクト図で示す。

図9.6（a）はデフォルトの状態でテキストフィールドを生成した場合のテキストフィールドとドキュメントとの関係を示している。PlainDocumentクラスのインスタンスを使用しているため，任意の文字列を保持することができる。一方，図9.6（b）では，PlainDocumentクラスの代わりにUpperCaseDocumentクラスのインスタンスをドキュメントとして使用している。このため，大文字のみを保持するテキストフィールドが実現できる。このようにテキストフィールドには手を加えずに，組み合わせるドキュメントクラスを変更することによって，テキストフィールドが保持できる文字列を制限できる。コンポーネントとモデルの分離を行い，委譲による動作の切り替えを容易にしている。

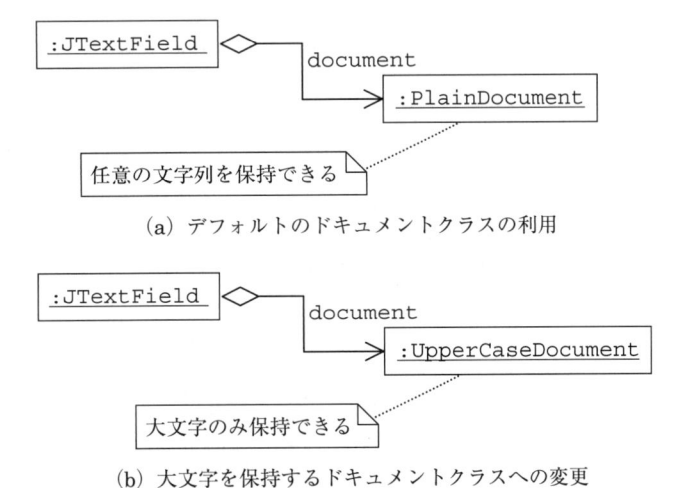

（a）デフォルトのドキュメントクラスの利用

（b）大文字を保持するドキュメントクラスへの変更

図9.6　ドキュメントクラスの切り替えによる機能の変更

ここでは，携帯電話番号を入力する TextFieldTest03 プログラムを作成する。入力できる文字は数値と「-」のみとし，文字数は 13 文字までとする。図 9.7 に実行結果を示す。図 9.7 (a) では数値と「-」で 13 文字まで入力した例である。図 9.7 (b) では，13 文字を超える数値を入れようとした例であり，コンソールに文字数が超過していることが表示されている。図 9.7 (c) では 1 文字消したのちに数値以外を入力しようとした場合の例であり，コンソールに無効文字が入力されたことを表示している。キーボードからの入力をいろいろ試してみてほしい。またコピー＆ペーストも試してみてほしい。図 9.8 にプログラムを示す。

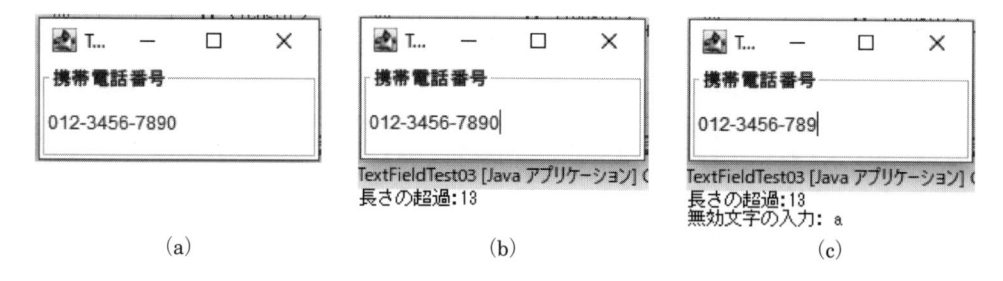

(a)　　　　　　　　　　　(b)　　　　　　　　　　　(c)

図 9.7　TextFieldTest03 の実行結果

```java
package ch09;

import javax.swing.JFrame;
import javax.swing.JPanel;
import javax.swing.JTextField;
import javax.swing.border.TitledBorder;
import javax.swing.text.AttributeSet;
import javax.swing.text.BadLocationException;
import javax.swing.text.PlainDocument;

public class TextFieldTest03 extends JFrame {
    public static void main(String[] args) {
        new TextFieldTest03("TextFieldTest03");
    }
    public TextFieldTest03(String title) {
        super(title);
        JPanel pane = (JPanel)getContentPane();
        JTextField tf = new JTextField();
        tf.setDocument(new PhoneNumberDocument());
        // 独自のドキュメントモデルを設定
        tf.setBorder(new TitledBorder(" 携帯電話番号 "));
        pane.add(tf);
        setDefaultCloseOperation(JFrame.EXIT_ON_CLOSE);
        setSize(200, 100);
        setVisible(true);
    }

    class PhoneNumberDocument extends PlainDocument {
        String validValues = "0123456789-"; // 有効な文字のみの文字列
        int maxLength = 13; // 文字列の最大長さ

        @Override
        public void insertString(int offset, String str,
            AttributeSet a) {
```

```
35              if (validValues.indexOf(str) == -1) {
36                  System.out.println("無効文字の入力： " + str);
37                  return;
38              }
39              int length = getLength();
40              if (length >= maxLength) {
41                  System.out.println("長さの超過： " + length);
42                  return;
43              }
44              try{
45                  super.insertString(offset, str, a);
46                  // スーパクラスのメソッドを呼び出し
47              } catch(BadLocationException ex) {
48                  System.out.println(ex);
49              }
50          }
51      }
52  }
```

図 9.8　TextFieldTest03.java

図 9.8　28行目 ➡

図 9.8　19行目 ➡

図 9.8　33行目 ➡

図 9.8　45行目 ➡

図 9.8　35行目 ➡

図 9.8　35行目 ➡

図 9.8　29行目 ➡

図 9.8　39行目 ➡

　PlainDocumentクラスを継承したPhoneNumberDocumentクラスを内部クラスとして定義している。JTextFiledクラスのインスタンスにsetDocument()メソッドを使用してPhoneNumberDocumentクラスのインスタンスを設定する。これによりドキュメントクラスをデフォルトから切り替えたことになる。委譲を使っているため，実行時に委譲先のオブジェクトを切り替えることもできる。

　オーバライドしたinsertString()メソッド内で，条件をチェックし，違反している場合は何もしないでreturn文で戻り，違反していない場合はスーパクラスのinsertString()メソッドを呼び出し，通常の処理を行う。insertString()メソッドは例外を発生する可能性があるので，スーパクラスのinsertString()メソッドを呼び出す際にBadLocationExceptionクラスのインスタンスをtry-catch文で例外処理するか，オーバライドするinsertString()メソッドをthrows BadLocationExceptionとして定義する必要がある。

` validValues.indexOf(str) == -1`
で有効文字か無効文字かのチェックをしている。Stringクラスのint indexOf(String str)メソッドは，文字列内で，指定された部分文字列strが最初に出現する位置のインデックスを返す。strが文字列内に見つからなかった場合は-1が返る。変数validValuesは以下のように文字列を割り当てている。

` String validValues = "0123456789-";`

　このため，strが有効な文字列validValues内にない場合は-1が返ってくることを利用している。

　文字列の長さについては，PlainDocumentクラスのgetLength()

メソッドで現在保持している文字列の長さが得られるので，この値と
maxLength変数の値を比較すればよい。

9.4 テキストエリア

図9.11 19行目 ➡

図9.11 23行目 ➡
図9.11 27行目 ➡

図9.11 28行目 ➡

　次に，複数行のテキスト入出力が可能なテキストエリアを見てみよう。
SwingではJTextAreaクラスが用意されている。まずは見かけの部分
を作ってみる。TextAreaTest01プログラムでは，3つのテキストエリ
アをコンテントペインに貼り付けている。1番目はパラメータなしのコ
ンストラクタで生成したテキストエリアである。2番目はコンストラク
タに整数値を2つ渡し，10行40文字のテキストエリアを生成している。
3番目は10行40文字のテキストエリアにスクロールバーを付けている。
JTextAreaコンポーネント自体にはスクロールの機能は用意されてい
ない。Swingではスクロールさせたいコンポーネントをスクロールペイ
ン（JScrollPane）コンポーネントで包むことによりスクロールの機能
を追加する。こちらもコンポーネントを組み合わせることによって機能
を合成する例である。テキストエリアに限らず，Swingのコンポーネン
トにスクロール機能を持たせたい場合にはスクロールペインで包むこと

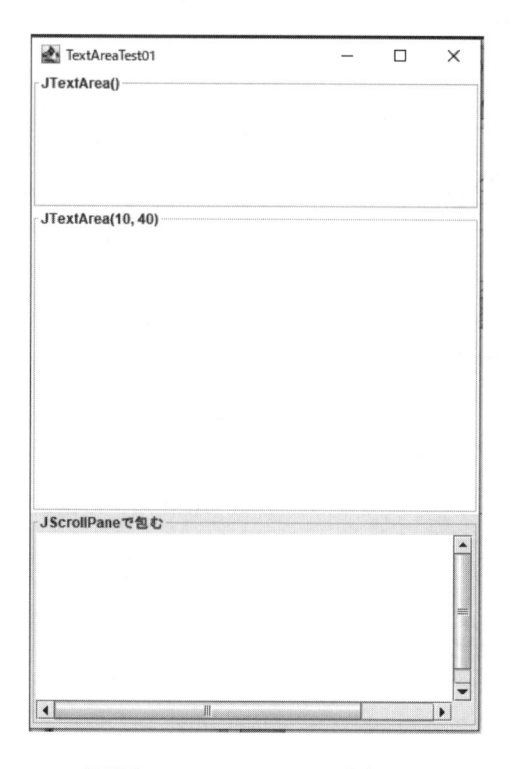

図9.9　TextAreaTest01 の実行結果

で実現ができる。

図9.9にTextAreaTest01プログラムの実行結果を示す。図9.10にオブジェクト図を示す。図9.11にプログラムを示す。文字や改行を数多く入力してそれぞれの領域の動作を確認してみよう。

図9.10で，テキストエリアとボーダ，スクロールペインとテキストエリアおよびボーダの関係を注意深く確認してほしい。コンテントペインであるpaneが直接テキストエリアta1とテキストエリアta2を持っている。一方で，テキストエリアta3はコンテントペインpaneとの間にスクロールペインspが入っている。プログラムとオブジェクト図の対応も確認しておこう。

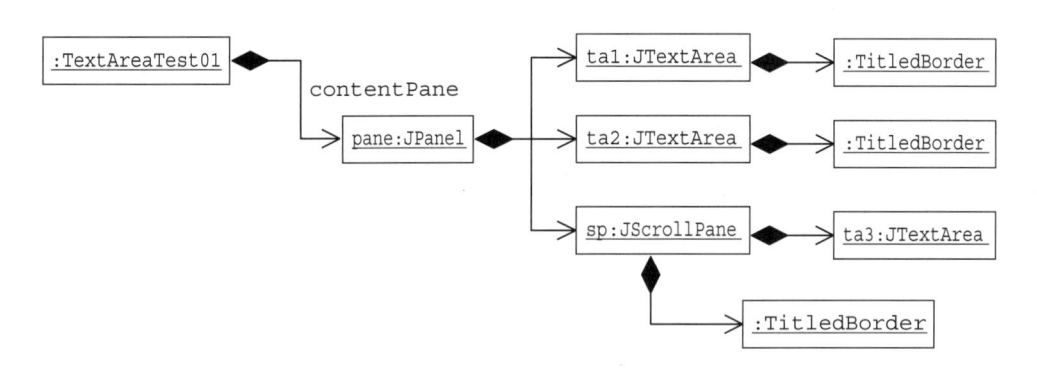

図9.10 TextAreaTest01のオブジェクト図

```
 1  package ch09;
 2
 3  import javax.swing.BoxLayout;
 4  import javax.swing.JFrame;
 5  import javax.swing.JPanel;
 6  import javax.swing.JScrollPane;
 7  import javax.swing.JTextArea;
 8  import javax.swing.border.TitledBorder;
 9
10  public class TextAreaTest01 extends JFrame {
11      public static void main(String[] args){
12          new TextAreaTest01("TextAreaTest01");
13      }
14      public TextAreaTest01(String title) {
15          super(title);
16          JPanel pane = (JPanel)getContentPane();
17          pane.setLayout(new BoxLayout(pane, BoxLayout.Y_AXIS));
18
19          JTextArea ta1 = new JTextArea(); // パラメータなしコンストラクタ
20          ta1.setBorder(new TitledBorder("JTextArea()"));
21          pane.add(ta1);
22
23          JTextArea ta2 = new JTextArea(10, 40); // 行数、列数指定
24          ta2.setBorder(new TitledBorder("JTextArea(10, 40)"));
25          pane.add(ta2);
26
27          JTextArea ta3 = new JTextArea(10, 40);
```

```
28      JScrollPane sp = new JScrollPane(ta3); // スクロールペインで包む
29      sp.setBorder(new TitledBorder("JScrollPane で包む"));
30      pane.add(sp);
31      setDefaultCloseOperation(JFrame.EXIT_ON_CLOSE);
32      setSize(400, 600);
33      setVisible(true);
34    }
35  }
```

図 9.11　TextAreaTest01.java

9.5　テキストエリアの基本機能

第 9 章　単一行および複数行の文字列の入出力

　JTextAreaクラスのスーパクラスであるJTextComponentクラスは抽象クラスであり，Swingのテキストを取り扱う基底クラス（base class）となっており，JEditorPaneクラス，JTextAreaクラス，JTextFieldクラスの共通のスーパクラスである。これらのクラスに共通な操作はJTextComponentクラスに定義され，コピー，貼り付け，カット，ファイルの読み書きなど，さまざまな機能が用意されている。APIのドキュメントで確認しておこう。なお，JTextComponentクラスはjavax.swing.textパッケージに所属している。

　ここでは簡易的なメモ帳 TextAreaTest02 プログラムを作成してみる。実行結果を図 9.12 に示す。図 9.12 (a) は起動時の画面であり，タイトルは「無題」となっている。図 9.12 (b) にファイルメニュー，図 9.12 (c) に編集メニューを開いた例を示す。ファイルメニューの「新規作成」は新たに TextAreaTest02 プログラムのウィンドウを開く。「開く…」「保存…」はファイルダイアログを開き，ファイルの読み書きを行う。ファイルを開くとウィンドウのタイトルをファイル名に変更する。「編集」メニューには，「切り取り」「コピー」「貼り付け」のメニュー項目がある。Windows では，それぞれ Ctrl + x, Ctrl + c, Ctrl + v のキーボードショートカット（Java ではキーストロークと呼ぶ）も割り当てられている。

　プログラムを図 9.13 に示す。それぞれのメニュー項目はアクションクラスを内部クラスとして用意している。基本的にはテキストエリアに用意されているメソッドを，メニュー項目に応じて呼び出すだけである。この例では以下の5つのメソッドを利用する。

図 9.13　129行目 ➡
図 9.13　119行目 ➡
図 9.13　139行目 ➡

①void copy()

②void cut()

③void paste()

図 9.13　76 行目 ➡
図 9.13　102 行目 ➡

図 9.13　53,62,88,114,
124,134 行目 ➡

④void read(Reader in, Object desc)

⑤void write(Writer out)

　詳細については，JTextComponent クラスの API ドキュメントを確認しよう。

　なお，この例のアクションクラスのコンストラクタは文字列を1つとるものを使用している。

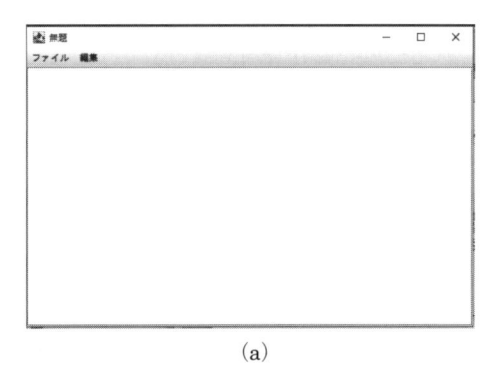

(a)

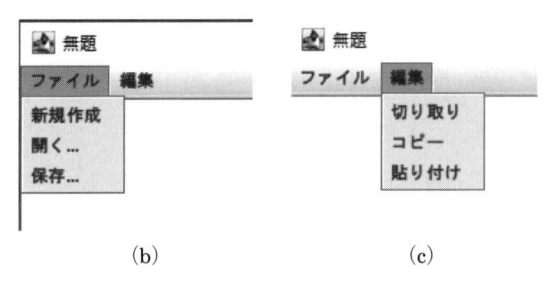

(b)　　　　　　　　　　　(c)

図 9.12　TextAreaTest02 の実行結果

```
 1  package ch09;
 2
 3  import java.awt.event.ActionEvent;
 4  import java.io.File;
 5  import java.io.FileNotFoundException;
 6  import java.io.FileReader;
 7  import java.io.FileWriter;
 8  import java.io.IOException;
 9
10  import javax.swing.AbstractAction;
11  import javax.swing.JFileChooser;
12  import javax.swing.JFrame;
13  import javax.swing.JMenu;
14  import javax.swing.JMenuBar;
15  import javax.swing.JPanel;
16  import javax.swing.JScrollPane;
17  import javax.swing.JTextArea;
18  import javax.swing.text.PlainDocument;
19
20  public class TextAreaTest02 extends JFrame {
21      JTextArea ta;
22      TextAreaTest02 frame;
23
24      public static void main(String[] args) {
```

```
25              new TextAreaTest02(" 無題 ");
26      }
27      public TextAreaTest02(String title) {
28              super(title);
29              frame = this;
30              JPanel pane = (JPanel)getContentPane();
31
32              ta = new JTextArea();
33              JScrollPane sp = new JScrollPane(ta);
34              pane.add(sp);
35
36              JMenuBar menuBar = new JMenuBar();
37              setJMenuBar(menuBar);
38              JMenu file = new JMenu(" ファイル ");
39              menuBar.add(file);
40              JMenu edit = new JMenu(" 編集 ");
41              menuBar.add(edit);
42              file.add(new NewAction(" 新規作成 "));
43              file.add(new OpenAction(" 開く… "));
44              file.add(new SaveAction(" 保存… "));
45              edit.add(new CutAction(" 切り取り "));
46              edit.add(new CopyAction(" コピー "));
47              edit.add(new PasteAction(" 貼り付け "));
48              setDefaultCloseOperation(JFrame.EXIT_ON_CLOSE);
49              setSize(600, 400);
50              setVisible(true);
51      }
52      class NewAction extends AbstractAction {
53              NewAction(String text) {
54                      super(text);
55              }
56              @Override
57              public void actionPerformed(ActionEvent ae) {
58                      new TextAreaTest02(" 無題 "); // 新しくウィンドウを開く
59              }
60      }
61      class OpenAction extends AbstractAction {
62              OpenAction(String text) {
63                      super(text);
64              }
65              @Override
66              public void actionPerformed(ActionEvent ae) {
67                      JFileChooser fc = new JFileChooser(".");
68                      int ans = fc.showOpenDialog(frame);
69                      File file = fc.getSelectedFile();
70                      if (ans != JFileChooser.APPROVE_OPTION || file == null) {
71                              return;
72                      }
73                      frame.setTitle(file.getName());
74                      try {
75                              FileReader reader = new FileReader(file);
76                              ta.read(reader, new PlainDocument());
77                              // ファイルから読み込む
78                              reader.close();
79                      } catch(FileNotFoundException ex) {
80                              ex.printStackTrace();
81                      } catch(IOException ex) {
82                              ex.printStackTrace();
83                      }
84              }
85      }
86
```

```java
class SaveAction extends AbstractAction {
    SaveAction(String text) {
        super(text);
    }
    @Override
    public void actionPerformed(ActionEvent ae) {
        JFileChooser fc = new JFileChooser(".");
        int ans = fc.showSaveDialog(frame);
        File file = fc.getSelectedFile();
        if (ans != JFileChooser.APPROVE_OPTION || file == null) {
            return;
        }
        frame.setTitle(file.getName());
        try {
            FileWriter writer = new FileWriter(file);
            ta.write(writer); // ファイルに書き出す
            writer.close();
        } catch(FileNotFoundException ex) {
            ex.printStackTrace();
        } catch(IOException ex) {
            ex.printStackTrace();
        }

    }
}

class CutAction extends AbstractAction {
    CutAction(String text) {
        super(text);
    }
    @Override
    public void actionPerformed(ActionEvent ae) {
        ta.cut(); // カット
    }
}

class CopyAction extends AbstractAction {
    CopyAction(String text) {
        super(text);
    }
    @Override
    public void actionPerformed(ActionEvent ae) {
        ta.copy(); // コピー
    }
}

class PasteAction extends AbstractAction {
    PasteAction(String text) {
        super(text);
    }
    @Override
    public void actionPerformed(ActionEvent ae) {
        ta.paste(); // ペースト
    }
}
}
```

図 9.13　TextAreaTest02.java

9.3節では，Swingのコンポーネントは，複数のオブジェクトが組み合わされていることを学んだ。コンポーネントは，モデル（model），ビュー（view），コントローラ（controller）の3種のオブジェクトが組み合わされている。3つの頭文字をとって，MVC（Model-View-Controller）とも呼ばれる。MVCの3要素の役割を以下に示す。

- モデル：問題対象としてのデータとそのデータに対する操作
- ビュー：ディスプレイを通して，モデルからユーザへ情報を提供するもの
- コントローラ：ユーザからの入力を解釈して，モデルあるいはビューに適切な調整を施すもの

このように役割分担されたオブジェクトを組み合わせて協調動作させる。1つのモデルに対して複数のビュー・コントローラを組み合わせることもできる。興味のある読者はMVCモデルについて調べてみよう。なおSwingでは，モデルはモデル，コンポーネントがビュー，リスナがコントローラの役割を果たす。具体的な例は第10章リストボックスで説明する。

モデルはドメインモデル（domain model）とデータモデル（data model）に分けられる。ドメインモデルはアプリケーションに固有のモデルとなる。データモデルはアプリケーションとは独立に基本的なデータを保持する。たとえば，数値，文字列，コレクションなどさまざまなアプリケーションに共通的に使われるデータが相当する。ドキュメントクラスは文字列を保持するデータモデルとして使うことができる。

ここでは3つのテキストフィールドを用意し，同一のドキュメントクラスのインスタンスを共有するTextFieldTest04プログラムを作成してみる。実行結果を図9.14に，オブジェクト図を図9.15に，プログラム

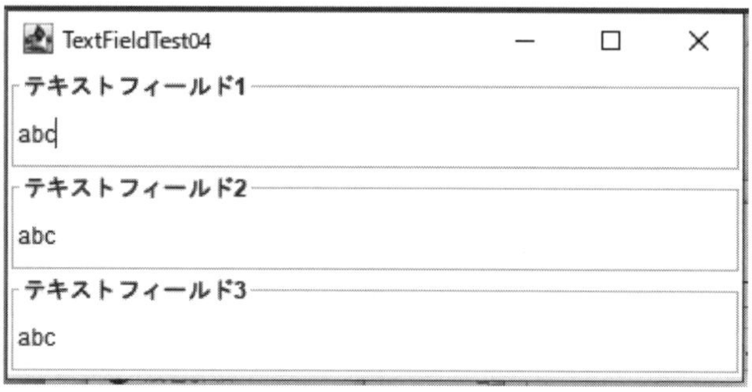

図9.14　TextFieldTest04 の実行結果

を図9.16に示す。モデルであるドキュメントを共有しているため，3つのテキストフィールドが連動して動き，同期されている様子がわかる。どのテキストフィールドに入力をしても，3つのテキストフィールドに表示される内容は同一になる。

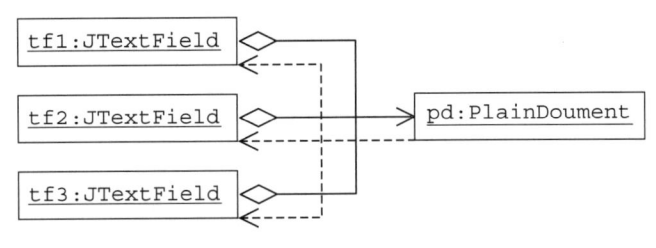

図9.15　TextFieldTest04 のオブジェクト図

```
1   package ch09;
2
3   import javax.swing.BoxLayout;
4   import javax.swing.JFrame;
5   import javax.swing.JPanel;
6   import javax.swing.JTextField;
7   import javax.swing.border.TitledBorder;
8   import javax.swing.text.PlainDocument;
9
10  public class TextFieldTest04 extends JFrame {
11      public static void main(String[] args) {
12          new TextFieldTest04("TextFieldTest04");
13      }
14      public TextFieldTest04( String title ){
15          super( title );
16          JPanel pane = (JPanel)getContentPane();
17          pane.setLayout(new BoxLayout(pane, BoxLayout.Y_AXIS));
18
19          PlainDocument pd = new PlainDocument(); // 共通のドキュメント
20
21          JTextField tf1 = new JTextField();
22          tf1.setDocument(pd); // 同一のドキュメントを設定
23          tf1.setBorder(new TitledBorder(" テキストフィールド 1"));
24          pane.add(tf1);
25
26          JTextField tf2 = new JTextField();
27          tf2.setDocument(pd); // 同一のドキュメントを設定
28          tf2.setBorder(new TitledBorder(" テキストフィールド 2"));
29          pane.add(tf2);
30
31          JTextField tf3 = new JTextField();
32          tf3.setDocument(pd); // 同一のドキュメントを設定
33          tf3.setBorder(new TitledBorder(" テキストフィールド 3"));
34          pane.add(tf3);
35
36          setDefaultCloseOperation(JFrame.EXIT_ON_CLOSE);
37          setSize(400, 200);
38          setVisible(true);
39      }
40  }
```

図9.16　TextFieldTest04.java

モデルであるドキュメントに変更があると，図9.15の依存（dependent）となっているコンポーネントに通知が行き，コンポーネントの表示が自動的に更新される。これにはデザインパターン（design pattern）のObserverパターンが利用されている。興味のある読者はObserverパターンについて調べてみよう。なお，デザインパターンは，ソフトウェア設計者の設計ノウハウを蓄積し，名前を付けて再利用しやすいようにカタログ化したものである。

まとめ

　本章ではテキストコンポーネントであるテキストフィールドとテキストエリアについて学んだ。テキストコンポーネントとドキュメントモデルの関係についても確認した。興味のある読者は，MVCモデルとObserverパターンについても調べてみてほしい。

練習問題

1．プログラムTextFieldTest05.javaを作成しなさい。

　図9.17のように，コピー元のテキストフィールドに文字を入力し，エンターキーを押す。図9.18のように，その内容がコピー先のテキストフィールドに出力され，コピー元のテキストフィールドはクリアされるようにすること。

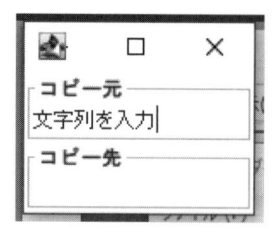 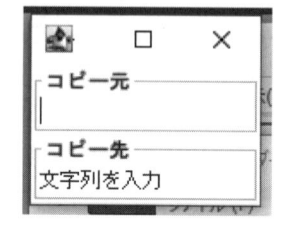

図9.17　TextFieldTest05 の　　　　図9.18　TextFieldTest05のエンターキー
　　　　 実行結果　　　　　　　　　　　　　　　 入力後の実行結果

2．プログラムTextFieldTest06.javaを作成しなさい。

　図9.19のように，整数の四則演算プログラムを作成しなさい。計算ボタンを押すとその計算結果が下のテキストフィールドに表示されるようにする。

文字列を整数に変換するにはIntegerクラスを参照すること。整数を文字列に変換するにはStringクラスを参照すること。

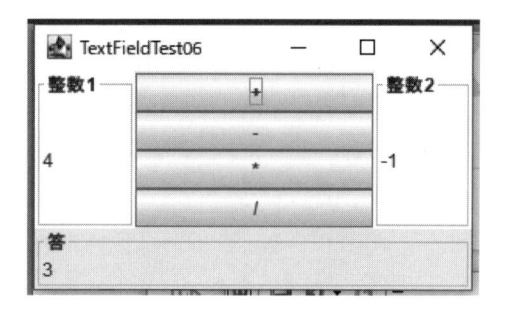

図 9.19　TextFieldTest04 の実行結果

　余力のある読者は，テキストフィールドに整数とマイナス記号しか入力できないようにし，答えのテキストフィールドは編集不可としてみてもよい。

第 10 章

リスト表示と項目の選択

　本章では複数の項目の中から単数または複数の項目を選択するためのコンポーネントであるリストボックスについて学ぶ。Swingでは JList クラスが用意されており，対応するリストモデルとして DefaultListModel クラスが用意されている。項目の表示方法を司るセルレンダラについても学ぶ。リストボックスの構成と使用方法を理解すれば，ほかの Swing コンポーネントの利用方法も理解できることになるため，重要な章となる。

10.1　リストボックスの表示

　まずリストボックスに項目を表示するプログラム ListTest01 プログラムを作成してみる。実行結果を図10.1に，プログラムを図10.2に示す。リストボックスである JList クラスのインスタンスを生成する際に，コンストラクタのパラメータとして，項目群の1次元配列を渡せばよい。またはベクタ（Vector）クラスのインスタンスを渡すコンストラクタもある。JList クラスはコレクションクラスと同様にジェネリクス（generics）を利用して型の安全性をチェックする。今回は文字列を項目とするため，型パラメータを <String> としている。前章で学んだように，スクロール可能とするためにスクロールペインで包み，そのスクロールペインをコンテントペインに追加する。

　配列を用いたリストボックスの初期化は，項目に追加・変更・削除がない場合には簡便な方法である。表10.1にリストボックスの選択モー

図 10.2　18行目 ⟹

図 10.2　20行目 ⟹

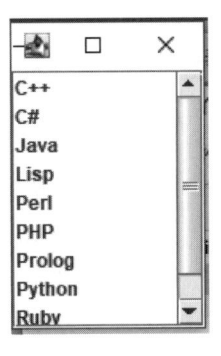

図 10.1　ListTest01 の実行結果

```
1   package ch10;
2
3   import javax.swing.JFrame;
4   import javax.swing.JList;
5   import javax.swing.JPanel;
6   import javax.swing.JScrollPane;
7
8   public class ListTest01 extends JFrame {
9       public static void main(String[] args) {
10          new ListTest01("ListTest01");
11      }
12      public ListTest01(String title) {
13          super(title);
14          JPanel pane = (JPanel)getContentPane();
15          String[] items = {"C++", "C#", "Java", "Lisp",
16              "Perl", "PHP", "Prolog", "Python", "Ruby",
17              "Smalltalk"}; // 配列で項目を用意
18          JList<String> list = new JList<String>(items);
19          // 配列をとるコンストラクタ
20          JScrollPane sp = new JScrollPane(list); // スクロールペインで包む
21          pane.add(sp);
22          setDefaultCloseOperation(JFrame.EXIT_ON_CLOSE);
23          setSize(100,200);
24          setVisible(true);
25      }
26  }
```

図 10.2　ListTest01.java

ドを示す。setSelectionMode() メソッドに必要なパラメータを設定する。今回のサンプルプログラムでは，デフォルトの設定で複数区間選択ができる。Ctrl キーを押しながらマウスボタンをクリックすると任意の項目の選択・非選択が可能である。項目を1つ選択し，ほかの項目でShift キーを押しながらマウスボタンをクリックすると連続した区間が選択できる。

　ListTest01 プログラムを修正して各モードの動作を試してみてほしい。

表 10.1　リストボックスの選択モード

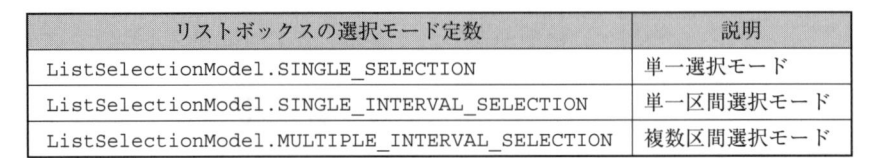

リストボックスの選択モード定数	説明
ListSelectionModel.SINGLE_SELECTION	単一選択モード
ListSelectionModel.SINGLE_INTERVAL_SELECTION	単一区間選択モード
ListSelectionModel.MULTIPLE_INTERVAL_SELECTION	複数区間選択モード

- 単一選択モード：1つの項目しか選択できない
- 単一区間選択モード：項目を1つ選択したのちに，Shift キーを併用して1つの連続した区間の複数項目を選択可能
- 複数区間選択モード：項目を1つ選択したのちに，Shift キーを併用して1つの連続した区間の複数項目を選択可能。また，Ctrl キーの併用で離散的な項目の選択も自由に可能

10.2 リストモデルの利用

　前章で学んだように，Swingのコンポーネントはデータを保持するためにデータモデルと組み合わされている。リストボックスはリストモデルが項目を保持する。ListTest02プログラムでは，ListTest01プログラムと同じ動作をするプログラムをDefaultListModelクラスを用いて作成してみる。図10.3に実行例を，図10.4にプログラム，図10.5にオブジェクト図を示す。

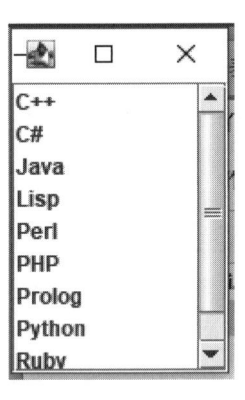

図 10.3　ListTest02 の実行結果

```
1   package ch10;
2
3   import javax.swing.DefaultListModel;
4   import javax.swing.JFrame;
5   import javax.swing.JList;
6   import javax.swing.JPanel;
7   import javax.swing.JScrollPane;
8
9   public class ListTest02 extends JFrame {
10      public static void main(String[] args) {
11          new ListTest02("ListTest02");
12      }
13      public ListTest02(String title) {
14          super(title);
15          JPanel pane = (JPanel)getContentPane();
16          String[] items = {"C++", "C#", "Java", "Lisp",
17              "Perl", "PHP", "Prolog", "Python", "Ruby",
18              "Smalltalk"};
19          DefaultListModel<String> listModel
20              = new DefaultListModel<String>(); // リストモデルを生成
21          for (String element : items) {
22              listModel.addElement(element); // リストモデルに項目を追加
23          }
24          JList<String> list = new JList<String>(listModel);
25          // モデルをとるコンストラクタ
26          JScrollPane sp = new JScrollPane(list);
27          pane.add(sp);
28          setDefaultCloseOperation(JFrame.EXIT_ON_CLOSE);
```

```
29        setSize(100,200);
30        setVisible(true);
31    }
32 }
```

図 10.4 ListTest02.java

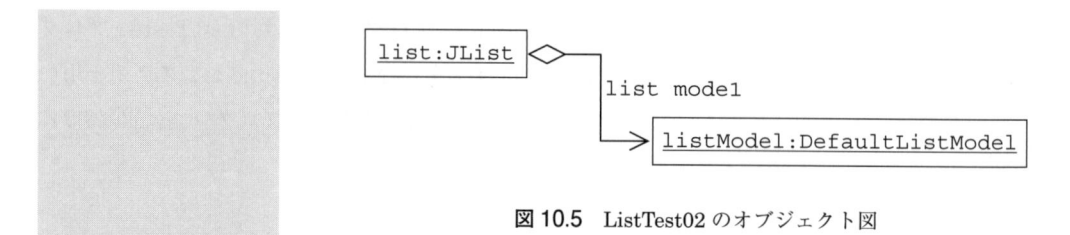

図 10.5 ListTest02 のオブジェクト図

図 10.4 19行目

図 10.4 22行目

　リストモデルもジェネリクスを使用するため，今回は項目を文字列として <String> を型パラメータとしている。リストモデルには一括して項目を追加できないので，空のリストモデルを生成したのちに，addElement() メソッドを用いて1つずつ項目を追加する。ほかにも有用なメソッドが数多くあるのでAPIのドキュメントで確認してほしい。プログラムの実行時にリストボックスの項目を追加・変更・削除するためにはリストモデルを使用する必要がある。

　リストボックスのコンストラクタにリストモデルを渡してもよいし，リストボックスを生成したのちに setModel() メソッドでリストモデルを設定してもよい。

10.3　リストボックスのイベント

　次に，リストボックスで発生するイベントとリスナについて見てみよう。リストボックスでは，項目を選択・非選択した際に，リストセレクションイベント（ListSelectionEvent クラス）が発生する。対応するリスナは ListSelectionListener インタフェースを実装したクラスのインスタンスとなり，valueChanged() メソッドを実装する必要がある。

　ListTest03 プログラムでは，リストボックスの項目を選択するとその項目をコンソールにプリント文で表示するプログラムである。図10.6に実行結果を，図10.7にプログラムを示す。

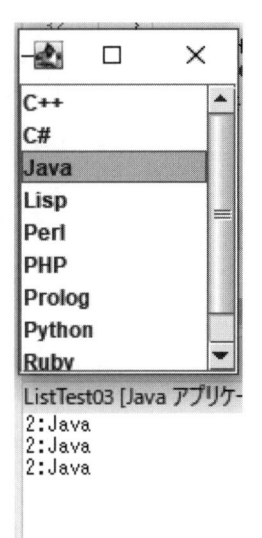

ListTest03 [Java アプリケー
2:Java
2:Java
2:Java

図 10.6 ListTest03 の実行結果

```java
package ch10;

import javax.swing.DefaultListModel;
import javax.swing.JFrame;
import javax.swing.JList;
import javax.swing.JPanel;
import javax.swing.JScrollPane;
import javax.swing.event.ListSelectionEvent;
import javax.swing.event.ListSelectionListener;

public class ListTest03 extends JFrame {
    public static void main(String[] args) {
        new ListTest03("ListTest03");
    }
    public ListTest03(String title) {
        super(title);
        JPanel pane = (JPanel)getContentPane();
        String[] items = {"C++", "C#", "Java", "Lisp", "Perl", "PHP",
            "Prolog", "Python", "Ruby",  "Smalltalk"};
        DefaultListModel<String> listModel
            = new DefaultListModel<String>();
        for (String element : items) {
            listModel.addElement(element);
        }
        JList<String> list = new JList<String>(listModel);
        JScrollPane sp = new JScrollPane(list);
        pane.add(sp);
        list.addListSelectionListener(new ListEventHandler());
        // リスナの設定
        setDefaultCloseOperation(JFrame.EXIT_ON_CLOSE);
        setSize(100,200);
        setVisible(true);
    }
    class ListEventHandler implements ListSelectionListener {
        public void valueChanged(ListSelectionEvent le) {
            JList<?> list = (JList<?>)le.getSource();
            if (le.getValueIsAdjusting() == false) { // 選択が確定したか
                int index = list.getSelectedIndex();
                System.out.println(index + ":"
```

```
40            + list. getSelectedValue());
41        DefaultListModel<?> listModel
42            = (DefaultListModel<?>)list.getModel();
43        System.out.println(index + ":"
44            + listModel.get(index));
45        System.out.println(index + ":"
46            + listModel. getElementAt(index));
47      }
48    }
49   }
50 }
```

図 10.7　ListTest03.java

　マウスクリックで項目を選択した際には，リストセレクションイベントが2回通知される（マウスボタンを「押した」「離した」のそれぞれ1回ずつ）。リストセレクションイベントの getValueIsAdjusting() メソッドで，選択が調整中か確定したのかを判定できる。一般的にはマウスボタンを離した際に項目の選択が確定するので，この値が false の場合に必要な処理を書く。

図 10.7　37 行目 ➡

　選択が確定したら，選択された項目を得る。このプログラムでは3つの方法で項目を得てコンソールにプリント文で表示している。同じ表示が3回行われる。

図 10.7　40 行目 ➡
図 10.7　44 行目 ➡
図 10.7　46 行目 ➡

　①リストボックスの getSelectedValue() メソッド

　②リストモデルの get() メソッド

　③リストモデルの getElementAt() メソッド

　リストボックスを用いると，直接 getSelectedValue() メソッドで項目を得ることができる。また，リストボックスには先頭を0として何番目の項目が選ばれたのかを返す getSelectedIndex() メソッドもある。このメソッドで得た整数インデックスをリストモデルの get() または getElementAt() メソッドに渡しても項目を得ることができる。今回は単一選択を用いているが，複数選択の場合には使用するメソッドが異なる。APIのドキュメントで確認しておこう。

図 10.7　35 行目 ➡
図 10.7　41,42 行目 ➡

　valueChanged() メ ソ ッ ド の 中 で は，JList ク ラ ス と DefaultListModel クラスの型は，0.11 節で説明したジェネリクスのワイルドカード型 <?> を使用している。

10.4　リストボックスのリストセルレンダラ

　リストボックスのデータはリストモデルが保持していることを見てきた。次に，項目の表示方法を司るリストセルレンダラを使ってみる。レンダ

ラはデータを所定の形式に従って表示する役割を持つオブジェクトである。セルレンダラを用いると，リストモデルが保持している項目を表示する方法を変更できる。デフォルトでは，DefaultListCellRenderer クラスのインスタンスが使われている。

リストセルレンダラを変更する ListTest04 プログラムを作成してみよう。実行結果を図10.8，オブジェクト図を図10.9，プログラムを図10.10に示す。

リストボックスを3つ用意し，共通のリストモデルを持たせる。テキストフィールドとは異なり，同一のモデルを共有するが，リストボックスの選択表示はそれぞれ独立している。1つ目のリストボックスはデフォルトのリストセルレンダラを使用する。2つ目は文字列を大文字に変換して表示するリストセルレンダラを使用する。3つ目は文字列を小文字に変更するリストセルレンダラを使用する。

このプログラムが，9.6節で触れた，1つのモデルに複数のビューを組み合わせる例である。1つのリストモデル listModel に3つのリストボックス list1, list2, list3 を結び付けていることを図10.9のオブジェクト図で確認しよう。

①DefaultListCellRenderer クラス：デフォルトのリストセルレンダラ

②UpperCellRenderer クラス：DefaultListCellRenderer ク

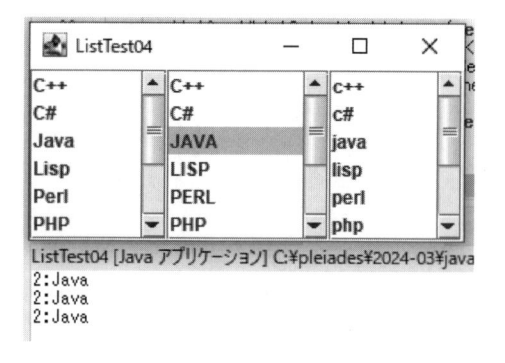

図 10.8 ListTest04 の実行結果

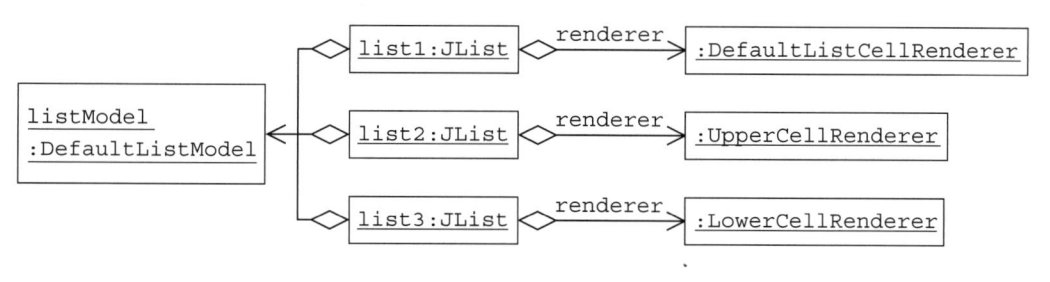

図 10.9 ListTest04 のオブジェクト図

135

ラスを継承した大文字に変換する独自の内部クラス

③LowerCellRendererクラス：DefaultListCellRendererク
ラスを継承した小文字に変換する独自の内部クラス

```
1   package ch10;
2
3   import java.awt.Component;
4
5   import javax.swing.BoxLayout;
6   import javax.swing.DefaultListCellRenderer;
7   import javax.swing.DefaultListModel;
8   import javax.swing.JFrame;
9   import javax.swing.JList;
10  import javax.swing.JPanel;
11  import javax.swing.JScrollPane;
12  import javax.swing.event.ListSelectionEvent;
13  import javax.swing.event.ListSelectionListener;
14
15  public class ListTest04 extends JFrame {
16      public static void main(String[] args) {
17          new ListTest04("ListTest04");
18      }
19      public ListTest04(String title) {
20          super(title);
21          JPanel pane = (JPanel)getContentPane();
22          pane.setLayout(new BoxLayout(pane, BoxLayout.X_AXIS));
23          String[] items = {"C++", "C#", "Java", "Lisp", "Perl",
24              "PHP", "Prolog", "Python", "Ruby", "Smalltalk"};
25          DefaultListModel<String> listModel
26              = new DefaultListModel<String>();
27          for (String element : items) {
28              listModel.addElement(element);
29          }
30          JList<String> list1 = new JList<>(listModel);
31          // 同一のモデルでリスト生成
32          JScrollPane sp1 = new JScrollPane(list1);
33          pane.add(sp1);
34          list1.addListSelectionListener(new ListEventHandler());
35          JList<String> list2 = new JList<>(listModel);
36          // 同一のモデルでリスト生成
37          list2.setCellRenderer(new UpperCellRenderer()); // レンダラを変更
38          JScrollPane sp2 = new JScrollPane(list2);
39          pane.add(sp2);
40          list2.addListSelectionListener(new ListEventHandler());
41          JList<String> list3 = new JList<>(listModel);
42          // 同一のモデルでリスト生成
43          list3.setCellRenderer(new LowerCellRenderer()); // レンダラを変更
44          JScrollPane sp3 = new JScrollPane(list3);
45          pane.add(sp3);
46          list3.addListSelectionListener(new ListEventHandler());
47          setDefaultCloseOperation(JFrame.EXIT_ON_CLOSE);
48          setSize(300,150);
49          setVisible(true);
50      }
51      class UpperCellRenderer extends DefaultListCellRenderer {
52          @Override
53          public Component getListCellRendererComponent( JList<?> list,
54              Object value, int index, boolean isSelected,
55              boolean cellHasFocus) {
56                  String s = value.toString().toUpperCase();// 大文字に
```

```
 57                                 setText(s);
 58                                 if (isSelected) {
 59                                     setBackground(list.getSelectionBackground());
 60                                     setForeground(list.getSelectionForeground());
 61                                 } else {
 62                                     setBackground(list.getBackground());
 63                                     setForeground(list.getForeground());
 64                                 }
 65                                 setEnabled(list.isEnabled());
 66                                 setFont(list.getFont());
 67                                 setOpaque(true);
 68                                 return this;
 69                         }
 70                 }
 71         class LowerCellRenderer extends DefaultListCellRenderer {
 72                 @Override
 73                 public Component getListCellRendererComponent( JList<?> list,
 74                     Object value, int index, boolean isSelected,
 75                     boolean cellHasFocus) {
 76                             String s = value.toString().toLowerCase();  // 小文字に
 77                             setText(s);
 78                             if (isSelected) {
 79                                 setBackground(list.getSelectionBackground());
 80                                 setForeground(list.getSelectionForeground());
 81                             } else {
 82                                 setBackground(list.getBackground());
 83                                 setForeground(list.getForeground());
 84                             }
 85                             setEnabled(list.isEnabled());
 86                             setFont(list.getFont());
 87                             setOpaque(true);
 88                             return this;
 89                     }
 90         }
 91         class ListEventHandler implements ListSelectionListener {
 92                 public void valueChanged(ListSelectionEvent le) {
 93                         JList<?> list = (JList<?>)le.getSource();
 94                         if (le.getValueIsAdjusting() == false) {
 95                             int index = list.getSelectedIndex();
 96                             System.out.println(index + ":"
 97                                 + list. getSelectedValue());
 98                             DefaultListModel<?> listModel
 99                                 =(DefaultListModel<?>)list.getModel();
100                             System.out.println(index + ":"
101                                 + listModel.get(index));
102                             System.out.println(index + ":"
103                                 + listModel.getElementAt(index));
104                         }
105                 }
106         }
107 }
```

図 10.10　ListTest04.java

図10.10　53,73行目 ➡
　　独自のリストセルレンダラクラスでは，DefaultListCellRenderer クラスの getListCellRendererComponent() メソッドをオーバライドする。パラメータの数が多いが，第2パラメータの Object value が項目のオブジェクトである。大文字に変換する例では，

図10.10　56行目 ➡
```
String s = value.toString().toUpperCase();
```

図 10.10　57 行目 ➡

```
setText(s);
```

として表示項目を大文字に変換してからテキストを設定している。今回は単なる文字列の変換であるが，より複雑なオブジェクトの場合には項目として表示すべき文字列を用意すればよい。残りの部分は基本的に変更する必要はない。DefaultListCellRenderer クラスのスーパクラスは JLabel クラスなので，ラベルのメソッドも使用できるし，アイコンの表示も可能である。

　図 10.8 の実行結果を見てわかるように，リストボックスの項目「JAVA」を選択しているが，内部的に保持されている項目「Java」がプリントされていることもわかる。このようにリストセルレンダラは項目の表示方法を変えるための仕組みとなっている。こちらも委譲のよい例となっている。項目の集まりはモデルが保持しているが，どの項目が選択されているのかは各コンポーネントが保持していることもわかる。

まとめ

　本章では Swing コンポーネントの基本となるリストボックスについて学んだ。リストボックスとリストモデル，リストセルレンダラの関係についても確認した。本章では単一選択のリストボックスのみを扱ったが，興味のある読者は複数選択モードのリストボックスについても試してみてほしい。

練習問題

1．プログラム ListTest05.java を作成しなさい。

　図 10.11 のように，テキストフィールドに文字列を入力し，エンターキーを押すとその文字列がリストボックスの末尾に追加され，テキストフィールドをクリアするプログラムを作成しなさい。テキストフィールドのアクションイベントを用いる。起動時にはリストボックスに項目はなくてよい。

ヒント：リストモデルに addElement() メソッドを使用して項目を追加する。addElement(E element) メソッドはパラメータのオブジェクトをリストの末尾に追加する。add(int index, E element) メソッドを使用すると指定したインデックスの位置に項目を追加できる。

図 10.11　ListTest05 実行結果

第11章 ボタン，テキストフィールド，リストボックスを組み合わせる

　本章では，これまでに学んだボタン，テキストフィールド，リストボックスを組み合わせて連携させる演習を行う。

11.1 リストボックスへの項目の追加・変更・削除

　以下の仕様を満たす ListTest06 プログラムを作成してみよう。

- テキストフィールドに文字列を入力し「追加」ボタンを押すとリストボックスに文字列が項目として追加される
- リストボックスの項目を選択すると，テキストフィールドにその文字列が表示される
- リストボックスの項目が選択された状態で，テキストフィールドに文字列を入力し，「変更」ボタンを押すとその項目が新たに入力した文字列に変更される
- リストボックスの項目が選択された状態で，「削除」ボタンを押すとその項目が削除される

　図 11.1 に「aaa」「bbb」「ccc」の順に項目を追加した実行結果を示す。図 11.2 に「bbb」を選択し，「BBB」に変更した結果を示す。図 11.3 に「BBB」を削除した結果を示す。

図 11.1　ListTest06 の「追加」実行結果

図11.2 ListTest06 の「変更」
実行結果

図11.3 ListTest06 の「削除」
実行結果

これまでの内容を総合的に利用する。「追加」は addElement(E element) メソッドを使用する。「変更」は set(int index, E element) メソッドを使用して，指定したインデックスの項目を設定する。「削除」は remove(int index) メソッドを使用する。ほかにも類似のメソッドがあるので API のドキュメントで確認しておこう。また，項目を削除した場合にもリストセレクションイベントが発生する。この場合はインデックスが -1 となるため, if 文でチェックしよう。「削除」の際にダイアログで削除してもよいかどうか確認するようにしてもよい。

図11.4 に ListTest06.java の骨格を示す。コンポーネントおよびモデル，リスナの設定についてはコンストラクタ内に記述済みである。上記の仕様を満たすように各リスナのメソッドを実装する必要がある。

// ここを作る

とコメントがある部分にプログラムを記述して動作させてみよう。

図11.4　43,53,63, 70行目 ➡

```java
package ch11;

import java.awt.*;
import java.awt.event.*;
import javax.swing.*;
import javax.swing.border.*;
import javax.swing.event.*;

public class ListTest06 extends JFrame {
    JList<String> list;
    DefaultListModel<String> listModel;
    JTextField tf;
    public static void main(String[] args) {
        new ListTest06("ListTest06");
    }
    public ListTest06(String title) {
        super(title);
        JPanel pane = (JPanel)getContentPane();
        listModel = new DefaultListModel<String>();
```

```java
20          list = new JList<String>(listModel);
21          list.addListSelectionListener(new ListEventHandler());
22          JScrollPane sp = new JScrollPane(list);
23          sp.setBorder(new TitledBorder(" 項目一覧 "));
24          pane.add(sp, BorderLayout.CENTER);
25          tf = new JTextField(10);
26          tf.setBorder(new TitledBorder(" 項目 "));
27          pane.add(tf, BorderLayout.SOUTH);
28          JToolBar tb = new JToolBar();
29          tb.add(new AddAction());
30          tb.add(new SetAction());
31          tb.add(new RemoveAction());
32          pane.add(tb, BorderLayout.NORTH);
33          setDefaultCloseOperation(JFrame.EXIT_ON_CLOSE);
34          setSize(200,200);
35          setVisible(true);
36      }
37      class AddAction extends AbstractAction {
38          AddAction() {
39              putValue(NAME, " 追加 ");
40          }
41          @Override
42          public void actionPerformed(ActionEvent ae) {
43              // ここを作る
44
45          }
46      }
47      class SetAction extends AbstractAction {
48          SetAction() {
49              putValue(NAME, " 変更 ");
50          }
51          @Override
52          public void actionPerformed(ActionEvent ae) {
53              // ここを作る
54
55          }
56      }
57      class RemoveAction extends AbstractAction {
58          RemoveAction() {
59              putValue(NAME, " 削除 ");
60          }
61          @Override
62          public void actionPerformed(ActionEvent ae) {
63              // ここを作る
64
65          }
66      }
67      class ListEventHandler implements ListSelectionListener {
68          public void valueChanged(ListSelectionEvent le) {
69              if (le.getValueIsAdjusting() == false) {
70                  // ここを作る
71
72              }
73          }
74      }
75  }
```

図 11.4 ListTest06.java の骨格

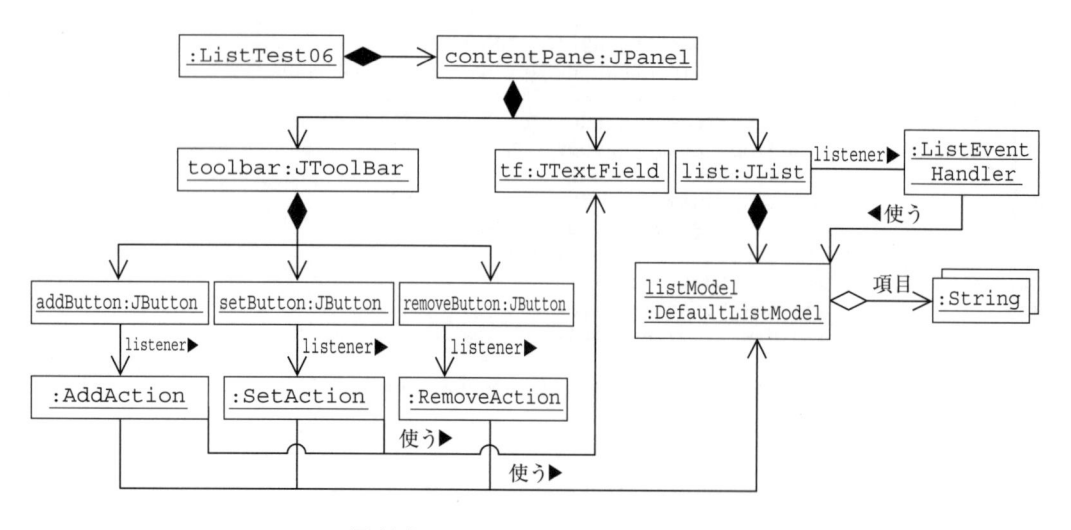

図 11.5　ListTest06 のオブジェクト図

11.2　内部動作の設計例

　図11.5に ListTest06 のオブジェクト図を示す。コンポーネントについては合成の関係で示している。リスナは関連の関係で示している。また，リスナからコンポーネントやモデルを使用する関係も関連で示している。モデルは項目として文字列を集約として保持することを示している。プログラムとの対応を確認しよう。

　図11.6 には，「追加」ボタンをクリックした場合のシーケンス図を示す。ここでは，メッセージのパラメータと戻り値も示している。プログラムを作成する際の参考にしよう。

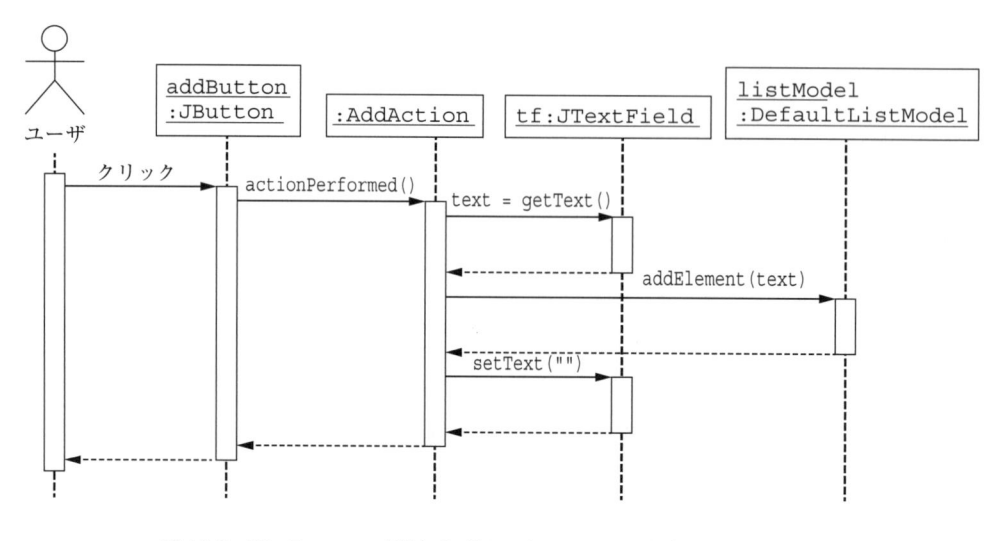

図 11.6　ListTest06 の「追加」ボタンをクリックした際のシーケンス図

　図 11.7 には，「変更」ボタンをクリックした場合のシーケンス図を示す。

　図 11.8 には，「削除」ボタンをクリックした場合のシーケンス図を示す。

　図 11.9 には，リストボックスの項目をクリックした場合のシーケンス図を示す。これらのシーケンス図を参考にしてプログラムを作成してもよいし，自分で動作方法を考えて作成してもよい。

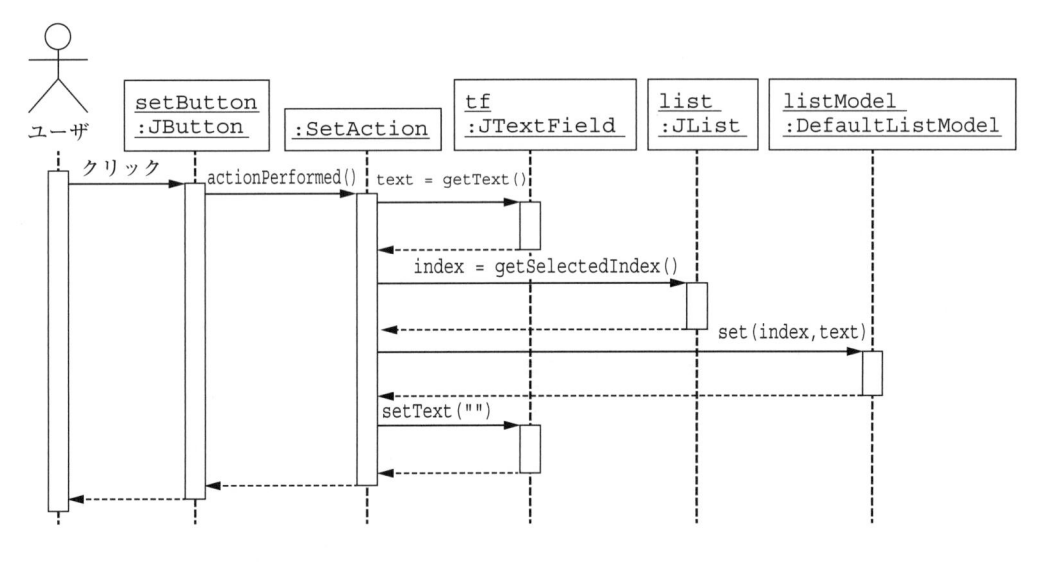

図 11.7　ListTest06 の「変更」ボタンをクリックした際のシーケンス図

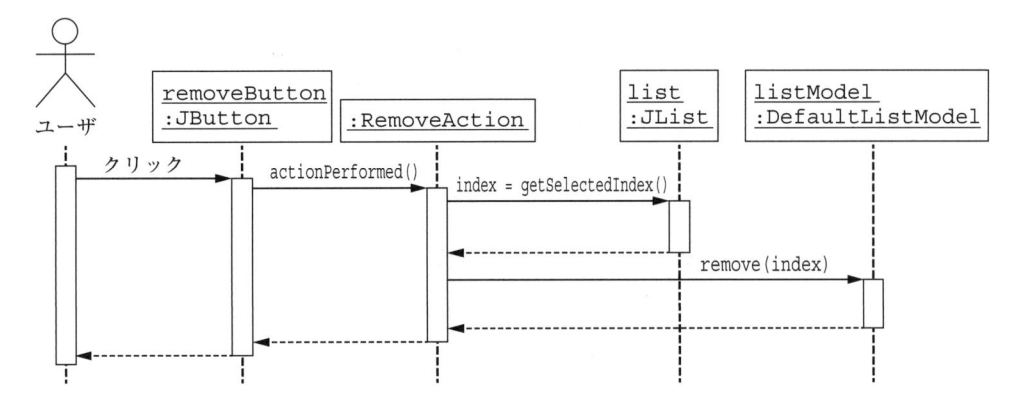

図 11.8　ListTest06 の「削除」ボタンをクリックした際のシーケンス図

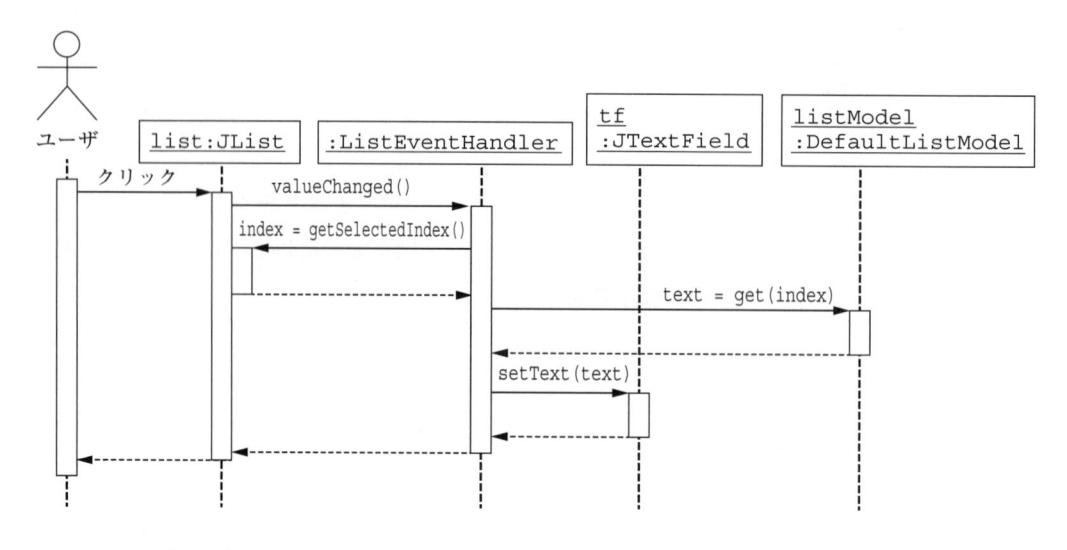

図11.9 ListTest06 のリストボックスの項目をクリックした際のシーケンス図

まとめ

　これまでに学んだボタン，テキストフィールド，リストボックスを組み合わせて連携させる演習を行った。

練習問題

1．プログラム ListTest06.java を修正したプログラム ListTest07.java を作成しなさい。

　「前に追加」「次に追加」ボタンを用意し，以下の動作をするようにしなさい。

- リストボックスの項目が選択された状態で，テキストフィールドに文字列を入力し，「前に追加」ボタンを押すとその項目が選択されている項目の前に追加される
- リストボックスの項目が選択された状態で，テキストフィールドに文字列を入力し，「次に追加」ボタンを押すとその項目が選択されている項目の次に追加される

ボタンを押したのちにはテキストフィールドをクリアすること。項目が選ばれていない場合は何もしない。

　図11.10 では，「aaa」「bbb」「ccc」の順に追加した結果を示す。図11.11 は「bbb」を選択したのちに「abc」を「前に追加」した結

果を示す。図 11.12 は「bbb」を選択したのちに「bcd」を「次に追加」した結果を示す。

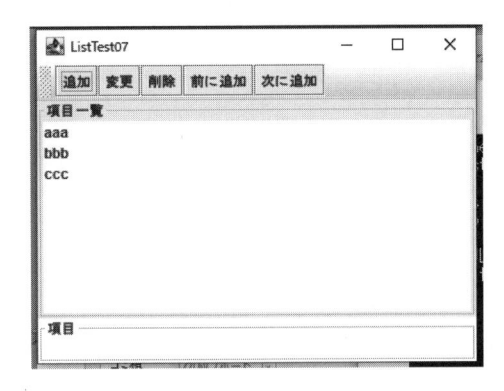

図 11.10　ListTest07 の実行結果

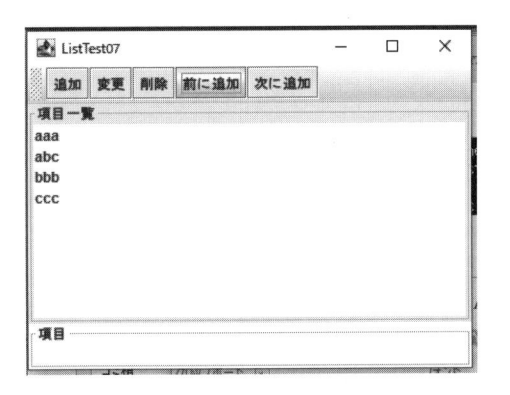

図 11.11　ListTest07 の「前に追加」実行結果

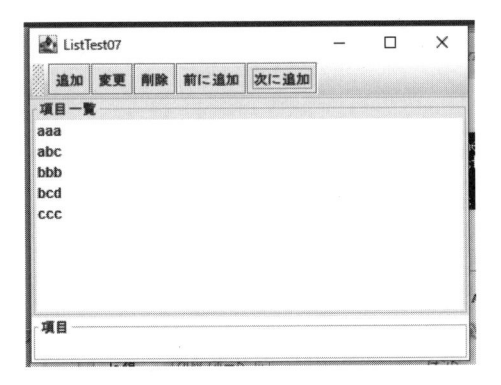

図 11.12　ListTest07 の「次に追加」実行結果

ヒント：項目を挿入する場合には，あらかじめリストボックスの clearSelection() メソッドですべての項目を非選択にしておく。

第12章

項目の単数選択と項目の追加

本章では，コンボボックスについて学ぶ。コンボボックスは，複数の項目の中から単数の項目を選択するためのコンポーネントであり，テキストフィールドとプルダウンメニューを組み合わせている。コンボボックスに項目を追加する方法についても見ていく。

12.1 コンボボックスの表示

コンボボックスとしてJComboBoxクラスが用意されている。まずコンボボックスに項目を表示するプログラムComboBoxTest01プログラムを作成してみる。実行結果を図12.1に，項目部分をマウスでクリックしてプルダウンメニューを表示した例を図12.2に示す。プログラムComboBoxTest01.javaを図12.3に示す。コンボボックスであるJComboBoxクラスのインスタンスを生成する際に，コンストラクタのパラメータとして，項目群の1次元配列を渡せばよい。今回は文字列を項目とするため，型パラメータを<String>としている。リストボックスと共通する部分が多い。デフォルトではテキストフィールド部分は編集が不可となっている。

図12.3 19行目

図12.1 ComboBoxTest01
の実行結果

図12.2 ComboBoxTest01のプル
ダウンメニュー表示

```
1   package ch12;
2
3   import java.awt.BorderLayout;
4
5   import javax.swing.JComboBox;
6   import javax.swing.JFrame;
7   import javax.swing.JPanel;
8
9   public class ComboBoxTest01 extends JFrame {
10      public static void main(String[] args) {
11          new ComboBoxTest01("ComboBoxTest01");
12      }
13      public ComboBoxTest01(String title) {
14          super(title);
15          JPanel pane = (JPanel)getContentPane();
16          String[] items = {"BLACK", "BLUE", "CYAN", "DARK_GRAY",
17              "GRAY", "GREEN", "LIGHT_GRAY", "MAGENTA", "ORANGE",
18              "PINK", "RED", "WHITE", "YELLOW"}; // 配列で項目を用意
19          JComboBox<String> combo = new JComboBox<String>(items);
20          // 配列をとるコンストラクタ
21          pane.add(combo, BorderLayout.NORTH);
22          setDefaultCloseOperation(JFrame.EXIT_ON_CLOSE);
23          setSize(100,200);
24          setVisible(true);
25      }
26  }
```

図 12.3　ComboBoxTest01.java

12.2　コンボボックスのイベント

リストボックスと同様に，項目の選択・非選択のイベントを取得してみよう。プログラム ComboBoxTest02 を作成する。見かけは ComboBoxTest01.java と同じである。図 12.4 に実行例を，図 12.5 にプログラムを示す。

コンボボックスの選択項目が変化するとアイテムイベント（ItemEvent）が発生する。対応するリスナはアイテムリスナ（ItemListener）であり，itemStateChanged() メソッドを実装する。アイテムイベントの getItem() メソッドで選択された項目が得られる。getStateChange() メソッドの戻り値が，定数 ItemEvent.SELECTED であれば選択状態，定数 ItemEvent.DESELECTED であれば非選択状態になったことがわかる。

ここではコンソールにプリント文で選択項目と選択または非選択の結果を表示する。

図 12.5　30 行目 ➡
図 12.5　31 行目 ➡
図 12.5　32 行目 ➡

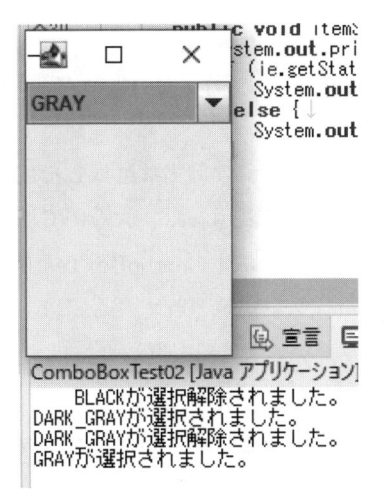

図 12.4　ComboBoxTest02 の実行結果

```java
package ch12;

import java.awt.BorderLayout;
import java.awt.event.ItemEvent;
import java.awt.event.ItemListener;

import javax.swing.JComboBox;
import javax.swing.JFrame;
import javax.swing.JPanel;

public class ComboBoxTest02 extends JFrame {
    public static void main(String[] args) {
        new ComboBoxTest02("ComboBoxTest02");
    }
    public ComboBoxTest02(String title) {
        super(title);
        JPanel pane = (JPanel)getContentPane();
        String[] items = {"BLACK", "BLUE", "CYAN", "DARK_GRAY",
            "GRAY", "GREEN", "LIGHT_GRAY", "MAGENTA", "ORANGE",
            "PINK", "RED", "WHITE", "YELLOW"}; // 配列で項目を用意
        JComboBox<String> combo = new JComboBox<String>(items);
        // 配列をとるコンストラクタ
        combo.addItemListener(new ItemHandler()); // リスナの設定
        pane.add(combo, BorderLayout.NORTH);
        setDefaultCloseOperation(JFrame.EXIT_ON_CLOSE);
        setSize(100,200);
        setVisible(true);
    }
    class ItemHandler implements ItemListener {
        public void itemStateChanged(ItemEvent ie) {
            System.out.print(ie.getItem());
            if (ie.getStateChange() == ItemEvent.SELECTED) {
                System.out.println(" が選択されました。");
            } else {
                System.out.println(" が選択解除されました。");
            }
        }
    }
}
```

図 12.5　ComboBoxTest02.java

12.3 コンボボックスの応用

直前の例では選択した色の名前をコンソールに文字列としてプリント文で表示した。次の例ではコンテントペインの背景色を選択した色で塗りつぶすComboBoxTest03プログラムを作成してみよう。Colorクラスに用意されている定数13色を列挙型（enum型）Colorsとして用意する。Colors列挙型にはcolorフィールドを用意し，初期値として各カラーの定数を割り当てる。Colors.values()で値を列挙できる。コンボボックスのコンストラクタにこの結果を与えてコンボボックスコンポーネントを生成する。0.11節で説明したジェネリクスを使用するため，<Colors>を型パラメータとしている。

図 12.7　36 行目 ➡

図 12.7　21 行目 ➡

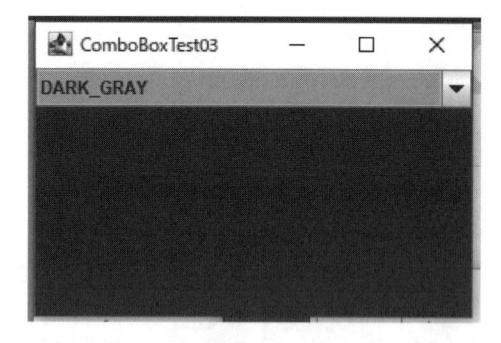

図 12.6　ComboBoxTest03 の実行結果

```
1   package ch12;
2
3   import java.awt.BorderLayout;
4   import java.awt.Color;
5   import java.awt.event.ItemEvent;
6   import java.awt.event.ItemListener;
7
8   import javax.swing.JComboBox;
9   import javax.swing.JFrame;
10  import javax.swing.JPanel;
11
12  public class ComboBoxTest03 extends JFrame {
13      JPanel pane;
14      public static void main(String[] args) {
15          new ComboBoxTest03("ComboBoxTest03");
16      }
17      public ComboBoxTest03(String title) {
18          super(title);
19          pane = (JPanel)getContentPane();
20          JComboBox<Colors> combo
21              = new JComboBox<Colors>(Colors.values());
22          combo.addItemListener(new ItemHandler());
23          pane.add(combo, BorderLayout.NORTH);
24          setDefaultCloseOperation(JFrame.EXIT_ON_CLOSE);
25          setSize(300,200);
```

```
26        setVisible(true);
27    }
28    class ItemHandler implements ItemListener {
29        public void itemStateChanged(ItemEvent ie) {
30            if (ie.getStateChange() == ItemEvent.SELECTED) {
31                Colors selectedColor = (Colors)ie.getItem();
32                pane.setBackground(selectedColor.color);
33            }
34        }
35    }
36    enum Colors {
37        BLACK(Color.BLACK), BLUE(Color.BLUE), CYAN(Color.CYAN),
38        DARK_GRAY(Color.DARK_GRAY), GRAY(Color.GRAY),
39        GREEN(Color.GREEN), LIGHT_GRAY(Color.LIGHT_GRAY),
40        MAGENTA(Color.MAGENTA), ORANGE(Color.ORANGE),
41            PINK(Color.PINK), RED(Color.RED),
42            WHITE(Color.WHITE), YELLOW(Color.YELLOW);
43        Color color;
44        private Colors(Color color) {
45            this.color = color;
46        }
47    }
48 }
```

図 12.7 ComboBoxTest03.java

12.4 コンボボックスへの項目追加

コンボボックスに項目を追加してみよう。項目を変更できるようにするには，リストボックスではリストモデルでリストボックスを初期化する必要があったが，コンボボックスでは配列で初期化しても項目を追加できる。テキストフィールドを編集可能とし，文字列を入力したのちにエンターキーを押すとコンボボックスのメニューの末尾に項目が追加できるプログラム ComboBoxTest04 を作成してみよう。テキストフィールドを編集可能にするには setEditable() メソッドのパラメータを true にして呼び出す。テキストフィールドを得るには getEditor() メソッドを呼び出す。戻り値は ComboBoxEditor インタフェース型のオブジェクトとなる。このオブジェクトにアクションリスナを設定すればよい。JTextField 型にキャストすれば getText() メソッドで入力された文字列を得ることができる。図 12.8 に実行結果を示す。起動時は項目がなく，「aaa」「bbb」「ccc」を順に入力・エンターキーを押した結果を示している。コンボボックスは，addItem() メソッドで項目を最後に追加でき，insertItemAt() メソッドで任意の位置に項目を追加でき，removeItemAt() メソッドで項目の削除ができる。リストボックスと同様に，コンボボックスでもコンボボックスモデル（DefaultComboBoxModel）を得て使用することもできる。この場合に

図 12.9　25行目　➡
図 12.9　26行目　➡
図 12.9　35,36行目　➡
図 12.9　37行目　➡

はメソッド名が異なるので，API のドキュメントで確認しておこう。

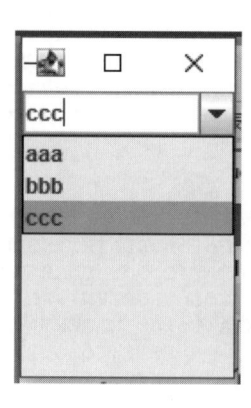

図 12.8 ComboBoxTest04 の実行結果

```java
package ch12;

import java.awt.BorderLayout;
import java.awt.event.ActionEvent;
import java.awt.event.ActionListener;
import java.awt.event.ItemEvent;
import java.awt.event.ItemListener;

import javax.swing.ComboBoxEditor;
import javax.swing.JComboBox;
import javax.swing.JFrame;
import javax.swing.JPanel;
import javax.swing.JTextField;

public class ComboBoxTest04 extends JFrame {
    JComboBox<String> combo;
    public static void main(String[] args) {
        new ComboBoxTest04("ComboBoxTest04");
    }
    public ComboBoxTest04(String title) {
        super(title);
        JPanel pane = (JPanel)getContentPane();
        combo = new JComboBox<String>();
        combo.addItemListener(new ListHandler());
        combo.setEditable(true);
        ComboBoxEditor editor = combo.getEditor();
        editor.addActionListener(new EditorHandler());
        pane.add(combo, BorderLayout.NORTH);
        setDefaultCloseOperation(JFrame.EXIT_ON_CLOSE);
        setSize(100,200);
        setVisible(true);
    }
    class EditorHandler implements ActionListener {
        public void actionPerformed(ActionEvent ae) {
            JTextField tf = (JTextField)ae.getSource();
            String item = tf.getText();
            combo.addItem(item); // 末尾に追加
            combo.setSelectedItem(item); // 選択状態に
            System.out.println(item + " が追加されました。");
        }
    }
    class ListHandler implements ItemListener {
```

```
43        public void itemStateChanged(ItemEvent ie) {
44            System.out.print(ie.getItem());
45            if (ie.getStateChange() == ItemEvent.SELECTED) {
46                System.out.println(" が選択されました。");
47            } else {
48                System.out.println(" が選択解除されました。");
49            }
50        }
51    }
52 }
```

図 12.9　ComboBoxTest04.java

12.5　コンボボックスのリストセルレンダラ

図 12.11　76 行目 →
図 12.11　78 行目 →
図 12.11　88,89 行目 →
図 12.11　55 行目 →

リストボックスでは表示する文字列の形式を変更するリストセルレンダラを使用した。リストセルレンダラはラベルのサブクラスなので，アイコンも表示できる。項目名の左側に色の付いたアイコンを表示する ComboBoxTest05 プログラムを作成する。このために独自のリストセルレンダラとアイコンを作成する。図 12.10 に実行結果，図 12.11 にプログラムを示す。DefaultListCellRenderer クラスを継承した ColorCellRenderer クラスを用意し，getListCellRendererComponent() メソッドをオーバライドする。このメソッドの中で setText() メソッドおよび setIcon() メソッドを使用して表示形式を設定する。このため，Colors 列挙型の内部クラスとして，Icon インタフェースを実装した ColorIcon クラスも用意する。

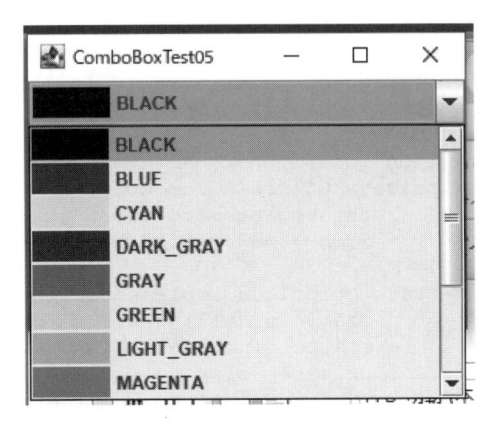

図 12.10　ComboBoxTest05 の実行結果

```
1  package ch12;
2
3  import java.awt.BorderLayout;
4  import java.awt.Color;
```

```
 5  import java.awt.Component;
 6  import java.awt.Graphics;
 7  import java.awt.event.ItemEvent;
 8  import java.awt.event.ItemListener;
 9
10  import javax.swing.DefaultListCellRenderer;
11  import javax.swing.Icon;
12  import javax.swing.JComboBox;
13  import javax.swing.JFrame;
14  import javax.swing.JList;
15  import javax.swing.JPanel;
16
17  public class ComboBoxTest05 extends JFrame {
18      JPanel pane;
19      public static void main(String[] args) {
20          new ComboBoxTest05("ComboBoxTest05");
21      }
22      public ComboBoxTest05(String title) {
23          super(title);
24          pane = (JPanel)getContentPane();
25          JComboBox<Colors> combo
26              = new JComboBox<Colors>(Colors.values());
27          combo.addItemListener(new ItemHandler());
28          combo.setRenderer(new ColorCellRenderer());
29          pane.add(combo, BorderLayout.NORTH);
30          setDefaultCloseOperation(JFrame.EXIT_ON_CLOSE);
31          setSize(300,200);
32          setVisible(true);
33      }
34      class ItemHandler implements ItemListener {
35          public void itemStateChanged(ItemEvent ie) {
36              if (ie.getStateChange() == ItemEvent.SELECTED) {
37                  Colors selectedColor = (Colors)ie.getItem();
38                  pane.setBackground(selectedColor.color);
39              }
40          }
41      }
42      enum Colors {
43          BLACK(Color.BLACK), BLUE(Color.BLUE), CYAN(Color.CYAN),
44          DARK_GRAY(Color.DARK_GRAY), GRAY(Color.GRAY),
45          GREEN(Color.GREEN), LIGHT_GRAY(Color.LIGHT_GRAY),
46          MAGENTA(Color.MAGENTA), ORANGE(Color.ORANGE),
47          PINK(Color. PINK), RED(Color.RED), WHITE(Color.WHITE),
48          YELLOW(Color.YELLOW);
49          Color color;
50          Icon icon;
51          private Colors(Color color) {
52              this.color = color;
53              icon = new ColorIcon(color);
54          }
55          class ColorIcon implements Icon { // 独自のアイコンクラス
56              static final int WIDTH  = 50;
57              static final int HEIGHT = 20;
58              private Color color;
59              public ColorIcon(Color color) {
60                  this.color = color;
61              }
62              public void paintIcon(Component c, Graphics g, int x,
63                  int y) {
64                      g.setColor(color); // 色を設定
65                      g.fillRect(x, y, WIDTH, HEIGHT);
66                      // 塗りつぶしの矩形を描画
```

```
67              }
68              public int getIconWidth() {
69                  return WIDTH;
70              }
71              public int getIconHeight() {
72                  return HEIGHT;
73              }
74          }
75      }
76      class ColorCellRenderer extends DefaultListCellRenderer {
77          @Override
78          public Component getListCellRendererComponent(JList<?> list,
79              Object value, int index, boolean isSelected,
80              boolean cellHasFocus) {
81                  Colors colors = (Colors)value;
82                  if(isSelected) {
83                      setOpaque(true);
84                      setBackground(list.getSelectionBackground());
85                  } else {
86                  setOpaque(false);
87                  }
88                  setText(colors.toString()); // 文字列を設定
89                  setIcon(colors.icon); // アイコンを設定
90                  return this;
91          }
92      }
93  }
```

図 12.11　ComboBoxTest05.java

まとめ

　本章ではテキストフィールドとプルダウンメニューを組み合わせたコンボボックスについて学んだ。リストボックスより省スペースで単一選択が実現できる。

練習問題

1. プログラム ComboBoxTest06.java を作成しなさい。

　　図 12.12 のように，テキストフィールドに文字列を入力し，エンターキーを押すとその文字列がコンボボックスの先頭に追加さるプログラムを作成しなさい。起動時にはコンボボックスに項目はなくてよい。

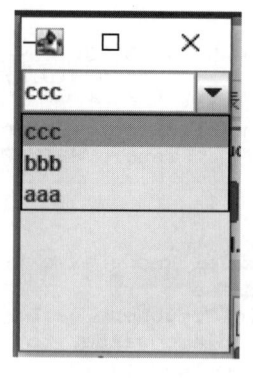

図 12.12　ComboBoxTest06 の実行結果

第13章 表形式のデータ入出力

　本章では，表形式のデータを扱うことができるテーブルについて学ぶ。Swingのコンポーネントの中で最も多機能で複雑な構成のコンポーネントとなっている。本章ではテーブルの基本的な使い方について学ぶに留めるが，興味のある読者はさらに調査を行って，さまざまな機能を試してみよう。

13.1 テーブルの表示

図13.2 30行目 ➡

　まずはテーブルの表示を行ってみよう。SwingではJTableクラスとしてテーブルコンポーネントが用意されている。これまでのコンポーネントと同様にパラメータが異なるコンストラクタが複数用意されている。ここではテーブルに表示する文字列の2次元配列と，表頭の文字列の1次元配列をパラメータとするコンストラクタを使用するプログラムTableTest01を作成する。実行結果を図13.1に，プログラムを図13.2に示す。

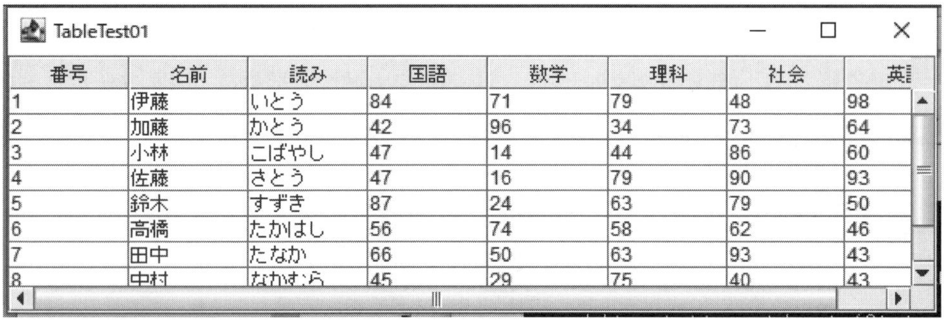

番号	名前	読み	国語	数学	理科	社会	英
1	伊藤	いとう	84	71	79	48	98
2	加藤	かとう	42	96	34	73	64
3	小林	こばやし	47	14	44	86	60
4	佐藤	さとう	47	16	79	90	93
5	鈴木	すずき	87	24	63	79	50
6	高橋	たかはし	56	74	58	62	46
7	田中	たなか	66	50	63	93	43
8	中村	なかむら	45	29	75	40	43

図 13.1 TableTest01 の実行結果

```
1  package ch13;
2
3  import javax.swing.JFrame;
4  import javax.swing.JPanel;
5  import javax.swing.JScrollPane;
6  import javax.swing.JTable;
7
8  public class TableTest01 extends JFrame {
9      String[][] data = {
10         {"1", "伊藤", "いとう", "84", "71", "79", "48", "98"},
```

```
11          {"2",  "加藤",  "かとう",  "42", "96", "34", "73", "64"},
12          {"3",  "小林",  "こばやし",  "47", "14", "44", "86", "60"},
13          {"4",  "佐藤",  "さとう",  "47", "16", "79", "90", "93"},
14          {"5",  "鈴木",  "すずき",  "87", "24", "63", "79", "50"},
15          {"6",  "高橋",  "たかはし",  "56", "74", "58", "62", "46"},
16          {"7",  "田中",  "たなか",  "66", "50", "63", "93", "43"},
17          {"8",  "中村",  "なかむら",  "45", "29", "75", "40", "43"},
18          {"9",  "山本",  "やまもと",  "77", "68", "59", "45", "80"},
19          {"10", "渡辺",  "わたなべ",  "74", "55", "98", "74", "48"}
20      }; // ２次元のデータ
21      String[] names = {
22          "番号", "名前", "読み", "国語", "数学", "理科", "社会", "英語"
23      }; // 表頭のデータ
24      public static void main(String[] args) {
25          new TableTest01("TableTest01");
26      }
27      public TableTest01(String title) {
28          super(title);
29          JPanel pane = (JPanel)getContentPane();
30          JTable table = new JTable(data, names);
31          // データと表頭を配列で与えるコンストラクタ
32          table.setAutoResizeMode(JTable.AUTO_RESIZE_OFF);
33          // 横スクロールできるようにするため
34          JScrollPane sp = new JScrollPane(table); // スクロールペインで包む
35          pane.add(sp);
36          setDefaultCloseOperation(JFrame.EXIT_ON_CLOSE);
37          setSize(600, 200);
38          setVisible(true);
39      }
40  }
```

図 13.2 TableTest01.java

図 13.2　9行目 ➡
図 13.2　21行目 ➡

　テーブルに表示するデータは行ごとにまとめ，2次元の配列とする。表頭の値は1次元の配列とする。この2つをJTableクラスのコンストラクタに渡してテーブルのインスタンスを生成する。データは，数値の部分も文字列となっている。これまでと同様に，スクロールバーを付けるためにスクロールペインで包む。ただし，横方向のスクロールをするためには，

図 13.2　34行目 ➡
図 13.2　32行目 ➡

```
    table.setAutoResizeMode(JTable.AUTO_RESIZE_OFF);
```
と記述しておく必要がある。

13.2　テーブルモデルの利用

図 13.4　31行目 ➡
図 13.4　34行目 ➡

　リストボックスと同様に，テーブルモデルを使用してみよう。テーブルモデルを用いて，TableTest01プログラムと同じデータを表示するプログラム TableTest02プログラムを作成する。ここではテーブルモデルとしてjavax.swing.tableパッケージのDefaultTableModelクラスを使用する。テーブルモデルを生成したのちに，addRow() メ

図 13.4　36 行目

ソッドを用いて1行ずつデータを追加していく。JTableクラスのコンストラクタにテーブルモデルを渡す。テーブルを生成したのちに，setModel()メソッドでテーブルモデルを設定してもよい。実行結果を図13.3に，プログラムを図13.4に示す。

番号	名前	読み	国語	数学	理科	社会	英語
1	伊藤	いとう	84	71	79	48	98
2	加藤	かとう	42	96	34	73	64
3	小林	こばやし	47	14	44	86	60
4	佐藤	さとう	47	16	79	90	93
5	鈴木	すずき	87	24	63	79	50
6	高橋	たかはし	56	74	58	62	46
7	田中	たなか	66	50	63	93	43
8	中村	なかむら	45	29	75	40	43

TableTest02

図 13.3　TableTest02 の実行結果

```
1   package ch13;
2
3   import javax.swing.JFrame;
4   import javax.swing.JPanel;
5   import javax.swing.JScrollPane;
6   import javax.swing.JTable;
7   import javax.swing.table.DefaultTableModel;
8
9   public class TableTest02 extends JFrame {
10      String[][] data = {
11          {"1", "伊藤", "いとう", "84", "71", "79", "48", "98"},
12          {"2", "加藤", "かとう", "42", "96", "34", "73", "64"},
13          {"3", "小林", "こばやし", "47", "14", "44", "86", "60"},
14          {"4", "佐藤", "さとう", "47", "16", "79", "90", "93"},
15          {"5", "鈴木", "すずき", "87", "24", "63", "79", "50"},
16          {"6", "高橋", "たかはし", "56", "74", "58", "62", "46"},
17          {"7", "田中", "たなか", "66", "50", "63", "93", "43"},
18          {"8", "中村", "なかむら", "45", "29", "75", "40", "43"},
19          {"9", "山本", "やまもと", "77", "68", "59", "45", "80"},
20          {"10", "渡辺", "わたなべ", "74", "55", "98", "74", "48"}
21      };
22      String[] names = {
23          "番号", "名前", "読み", "国語", "数学", "理科", "社会", "英語"
24      };
25      public static void main(String[] args) {
26          new TableTest02("TableTest02");
27      }
28      public TableTest02(String title) {
29          super(title);
30          JPanel pane = (JPanel)getContentPane();
31          DefaultTableModel model =  new DefaultTableModel(names, 0);
32          // 表頭のみでデータなしのモデルを生成
33          for(int i=0; i<data.length; i++) {
34              model.addRow(data[i]); // モデルに1行ずつデータを追加
35          }
36          JTable table = new JTable(model); // モデルを与えるコンストラクタ
37          table.setAutoResizeMode(JTable.AUTO_RESIZE_OFF);
38          JScrollPane sp = new JScrollPane(table);
```

```
39        pane.add(sp);
40        setDefaultCloseOperation(JFrame.EXIT_ON_CLOSE);
41        setSize(600, 200);
42        setVisible(true);
43    }
44  }
```

図 13.4　TableTest02.java

13.3　CSV ファイルの読み書き

カンマで区切られたテキストである，CSV（Comma-Separated Values）ファイルを読み込んでテーブルに表示し，逆にテーブルのデータを CSV ファイルに書き出すことができるプログラム TableTest03 を作成してみよう。

図 13.5 に使用する CSV ファイル exam.csv を示す。Excel などで作成し，データの種類を CSV として保存したファイルでよい。このため，文字コードは SHIFT-JIS（cp932）を想定している。1 行目に表頭の項目があり，2 行目以降がデータで構成されているファイルを対象とする。

```
番号 , 名前 , 読み , 国語 , 数学 , 理科 , 社会 , 英語
1, 伊藤 , いとう ,79,33,96,65,93
2, 加藤 , かとう ,40,18,57,47,90
3, 小林 , こばやし ,80,36,36,40,71
4, 佐藤 , さとう ,45,86,80,64,45
5, 鈴木 , すずき ,58,64,65,68,89
6, 高橋 , たかはし ,80,8,87,77,58
7, 田中 , たなか ,98,0,99,64,84
8, 中村 , なかむら ,67,33,53,100,96
9, 山本 , やまもと ,60,43,98,61,45
10, 渡辺 , わたなべ ,88,31,86,60,32
```

図 13.5　exam.CSV

実行結果を図 13.6 に示す。プログラム起動時にはテーブルは空である。

図 13.7 に示すように，ファイルメニューは「開く」「保存」「終了」を用意している。

「ファイル」メニューの「開く」を選ぶとファイルダイアログが開くので，exam.csv を選んで「開く」を押す（図 13.8）。この例では

Eclipse統合開発環境のプロジェクトのトップフォルダにexam.csvファイルを置いている。

すると，図13.9のようにテーブルコンポーネントにファイルから読み込まれたデータが表示される。テーブルが表示しきれない場合にはスクロールバーが表示される。

図 13.6 TableTest03 の起動結果

図 13.7 ファイルメニューの項目

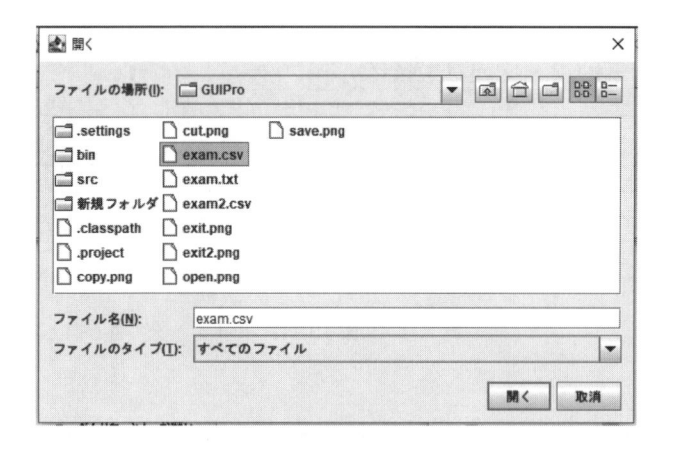

図 13.8 exam.csv ファイルの選択

番号	名前	読み	国語	数学	理科	社会	英
1	伊藤	いとう	79	33	96	65	93
2	加藤	かとう	40	18	57	47	90
3	小林	こばやし	80	36	36	40	71
4	佐藤	さとう	45	86	80	64	45
5	鈴木	すずき	58	64	65	68	89
6	高橋	たかはし	80	8	87	77	58

図 13.9 ファイル読み込み後の結果

　　　図 13.10 に示すように，テーブルのセルはダブルクリックすると編集が可能である。この例では番号 3 の国語のセル 80 をダブルクリックした結果を示している。

　　　図 13.11 ではセルの値を 80 から 100 に書き換えた例を示す。

　　　図 13.12 に示すように，エンターキーを押すと値が確定される。

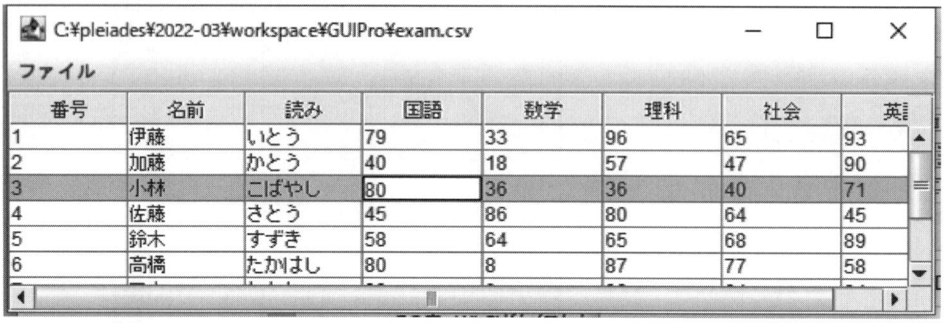

図 13.10　　セルデータの編集

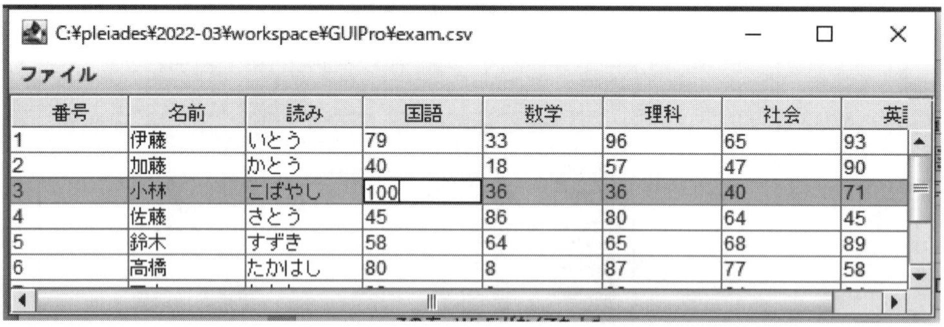

図 13.11　　セルデータの書き換え

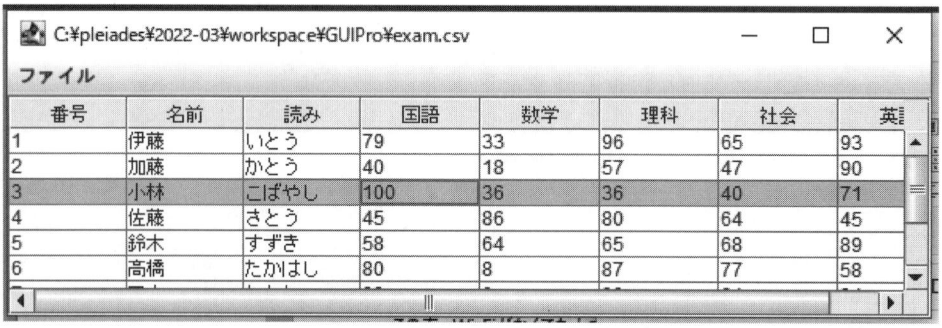

図 13.12　　セルデータの確定

では，図 13.13 のように「ファイル」メニューから「保存」を選んでファイルダイアログを開こう。

図 13.14 のようにファイルダイアログが開くので，ファイル名を指定して保存しよう。ここでは exam2.csv として保存する。

Excel や TeraPad などで exam2.csv を開いて，ファイルの内容を確認しよう。図 13.15 に TableTest03.java を示す。少し長いプログラムになるが，じっくり読んでみよう。

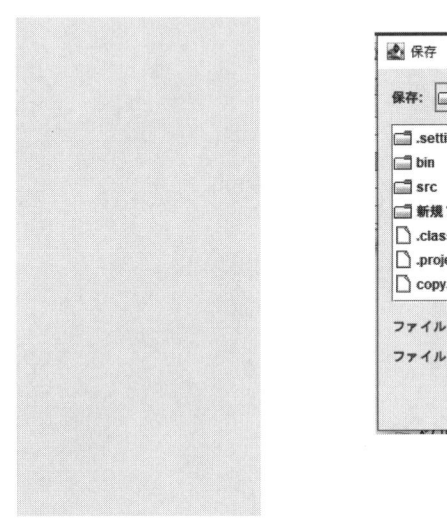

図 13.13 「ファイル」メニューから「保存」を選択

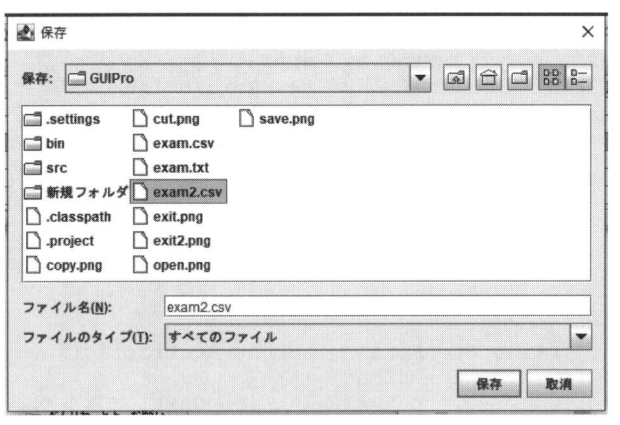

図 13.14 ファイル名を変更して保存

```
1  package ch13;
2
3  import java.awt.event.ActionEvent;
4  import java.io.BufferedReader;
5  import java.io.BufferedWriter;
6  import java.io.File;
7  import java.io.FileInputStream;
8  import java.io.FileOutputStream;
9  import java.io.IOException;
10 import java.io.InputStreamReader;
11 import java.io.OutputStreamWriter;
12 import java.io.PrintWriter;
13
```

```
import javax.swing.AbstractAction;
import javax.swing.Action;
import javax.swing.JFileChooser;
import javax.swing.JFrame;
import javax.swing.JMenu;
import javax.swing.JMenuBar;
import javax.swing.JOptionPane;
import javax.swing.JPanel;
import javax.swing.JScrollPane;
import javax.swing.JTable;
import javax.swing.table.DefaultTableModel;

public class TableTest03 extends JFrame {
    String[][] data = null;
    String[] names = null;
    JTable table = null;
    DefaultTableModel model = null;
    JFrame frame = null;
    public static void main(String[] args) {
        new TableTest03("TableTest03");
    }
    public TableTest03(String title) {
        super(title);
        frame = this;
        JPanel pane = (JPanel)getContentPane();
        JMenuBar mb = new JMenuBar();
        setJMenuBar(mb);
        JMenu fileMenu = new JMenu("ファイル");
        mb.add(fileMenu);
        fileMenu.add(new OpenAction());
        fileMenu.add(new SaveAction());
        fileMenu.addSeparator();
        fileMenu.add(new ExitAction());
        model = new DefaultTableModel();
        table = new JTable(model);
        table.setAutoResizeMode(JTable.AUTO_RESIZE_OFF);
        JScrollPane sp = new JScrollPane(table);
        pane.add(sp);
        setDefaultCloseOperation(JFrame.EXIT_ON_CLOSE);
        setSize(600, 200);
        setVisible(true);
    }
    class OpenAction extends AbstractAction {
        OpenAction() {
            putValue(Action.NAME, "開く");
        }
        @Override
        public void actionPerformed(ActionEvent ae) {
            JFileChooser fileChooser = new JFileChooser(".");
            int ans = fileChooser.showOpenDialog(frame);
            if(ans != JFileChooser.APPROVE_OPTION) {
                return;
            }
            File file = fileChooser.getSelectedFile();
            String fileName = file.getAbsolutePath();
            frame.setTitle(fileName);
            readData(fileName); // ファイルから読み込むメソッド
        }
    }
    class SaveAction extends AbstractAction {
        SaveAction() {
            putValue(Action.NAME, "保存");
        }
```

```
77          @Override
78          public void actionPerformed(ActionEvent ae) {
79              JFileChooser fileChooser = new JFileChooser(".");
80              int ans = fileChooser.showSaveDialog(frame);
81              if(ans != JFileChooser.APPROVE_OPTION) {
82                  return;
83              }
84              File file = fileChooser.getSelectedFile();
85              String fileName = file.getAbsolutePath();
86              frame.setTitle(fileName);
87              writeData(fileName); // ファイルに書き出すメソッド
88          }
89      }
90      class ExitAction extends AbstractAction {
91          ExitAction() {
92              putValue(Action.NAME, "終了");
93          }
94          @Override
95          public void actionPerformed(ActionEvent ae) {
96              String msg = "終了してもよいですか？";
97              int ans = JOptionPane.showConfirmDialog(frame, msg);
98              if (ans == 0) {
99                  System.exit(0);
100             }
101         }
102     }
103     private void readData(String csvFileName){
104         try {
105             File file = new File(csvFileName);
106             BufferedReader reader
107                 = new BufferedReader(new InputStreamReader(
108                     new FileInputStream(file), "Shift-JIS"));
109             String line = reader.readLine();
110             String[] row = line.split(",");
111             model = new DefaultTableModel(row, 0);
112             while ((line = reader.readLine() ) != null) {
113                 row = line.split(","); // 1行のデータをカンマで分割
114                 model.addRow(row); // 配列で1行追加
115             }
116             table.setModel(model);
117             reader.close();
118         } catch (IOException ex) {
119             ex.printStackTrace();
120         }
121     }
122     private void writeData(String csvFileName) {
123         try {
124             File file = new File(csvFileName);
125             PrintWriter writer
126                 = new PrintWriter(new BufferedWriter(
127                     new OutputStreamWriter(new FileOutputStream(
128                         file),"Shift-JIS")));
129             int rowNum = model.getRowCount(); // 行の数
130             int colNum = model.getColumnCount(); // 列の数
131             for (int i=0; i<colNum; i++) {
132                 writer.print(model.getColumnName(i));
133                 if (i < colNum-1) { // 表頭の最後のデータでなければ
134                     writer.print(","); // データにカンマを連結
135                 }
136             }
137             writer.println();
138             for (int i=0; i<rowNum; i++) {
139                 for (int j=0; j<colNum; j++) {
```

```
140              writer.print(model.getValueAt(i, j));
141              if (j < colNum-1) { // 行の最後のデータでなければ
142                  writer.print(","); // データにカンマを連結
143              }
144          }
145          writer.println();
146      }
147      writer.close();
148  } catch (IOException ex) {
149      ex.printStackTrace();
150  }
151   }
152 }
```

図 13.15　TableTest03.java

コンストラクタでテーブルモデルを生成し，そのテーブルモデルを渡してテーブルを生成している。この段階ではテーブルモデルにデータは存在しない。ほかにはメニューの生成とリスナの設定を行っている。以前のサンプルプログラムのメニュー項目と同様に，「開く」「保存」「終了」は，それぞれ OpenAction, SaveAction, ExitAction を内部クラスとして定義し，各インスタンスをリスナとしている。

図 13.15　48行目 ➡

OpenAction クラスの actionPerformed() メソッドからは，プライベートな readData() メソッドを呼び出している。パラメータが CSV ファイルのファイル名となる。Eclipse 統合開発環境の場合，Java の内部では文字コードは UTF-8 が使われている。Excel では Shift-JIS が使われている。このため，ファイル読み込み時に，読み込み元のファイルの文字コードを "Shift-JIS" と指定して文字化けを防いでいる。

図 13.15　70行目 ➡

ファイルの1行目は表頭の項目であることを想定しているので，1行読み込んだ文字列を String クラスの split() メソッドを用い，カンマで区切った結果を文字列の配列 row 変数に得る。テーブルモデルにこの row 変数を順次与えて行を追加していく。

図 13.15　110行目 ➡

あとは2行目以降を順次読み込んでカンマで区切り，このテーブルモデルに addRow() メソッドを用いて行データを追加していく。

図 13.15　114行目 ➡

すべての行データを追加したら，このテーブルモデルをテーブルに設定することにより，読み込んだデータが表示されることになる。

図 13.15　116行目 ➡

SaveAction クラスの actionPerformed() メソッドからは，プライベートな writeData() メソッドを呼び出している。こちらも "Shift-JIS" としてファイルを開いておく。

図 13.15　87行目 ➡

テーブルモデルの行の数，列の数は，それぞれ getRowCount() メソッド，getColumnCount() メソッドで得ることができる。

図 13.15　129行目 ➡
図 13.15　130行目 ➡

まず，テーブルモデルから表頭項目を1つずつ取り出し，カンマで連結してファイルに書き出す。最後に改行を出力する。

図 13.15　132行目 ➡
getColumnName(i) メソッドのパラメータ i に整数インデックスを与えるとその項目名が得られる。

　あとはテーブルモデルから1つずつセルデータを取り出し，カンマを連結してファイルに書き出す。1行分を書き出したら改行を行う。これ図 13.15　140行目 ➡を最後の行まで繰り返す。テーブルモデルの getValueAt(i,j) メソッドを用いてセルのデータを得ることができる。第1パラメータが行のインデックス i，第2パラメータが列のインデックス j となる。

まとめ

　本章では表形式のデータを取り扱うテーブルの基礎について学んだ。テーブルモデルの利用方法についても確認した。本章ではセルデータの形式はすべて文字列であった。興味のある読者はさらにテーブル関係を調査して，さまざまな機能を試してみてほしい。

練習問題

1．プログラム TableTest04.java を作成しなさい。

　起動時にはテーブルの表頭「名前」「住所」「電話」「メール」のみ表示される。ツールバーには「行の追加」ボタンを置く。図 13.16 に TableTest04 プログラムの起動時の画面を示す。

図 13.16　TableTest04 の起動結果

　「行の追加」ボタンを押すたびに，図 13.17 のように最下行として空行が追加されるようにしなさい。余力のある読者は，「ファイル」メニューを作成し，「開く」「保存」「終了」メニュー項目を追加し，それぞれが適切に動作するようにしてもよい。

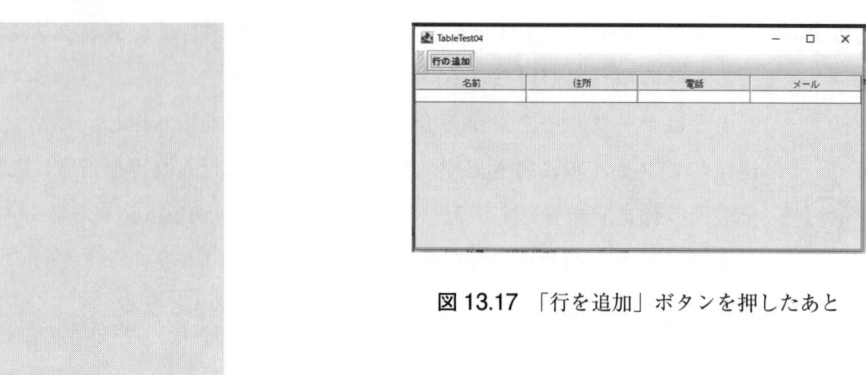

図 13.17 「行を追加」ボタンを押したあと

ヒント：起動時には表頭データのみを与えたデフォルトテーブルモデルを作成する。「行の追加」ボタンを押すと，デフォルトテーブルモデルに addRow() メソッドを用いて空行を追加する。パラメータは要素のないベクタ（new Vector<String>()）でよい。

第14章 総合的な課題および自由課題

本章では，これまでに学んだ内容を組み合わせて連携させる演習を行う。また，自分でテーマを決めてGUIアプリケーションを設計し，実装する演習も行う。第11章では，仕様に加えてプログラムの骨格およびオブジェクト図とシーケンス図を示し，それに基づいてプログラムを作成する演習を行った。この演習では，まず読者自身で設計を行い，そのあとにプログラムを作成してみよう。

14.1 住所録の作成

以下の仕様を満たすAddressBookGUIを作成してみよう。個々の住所データはAddressクラスのオブジェクトである。

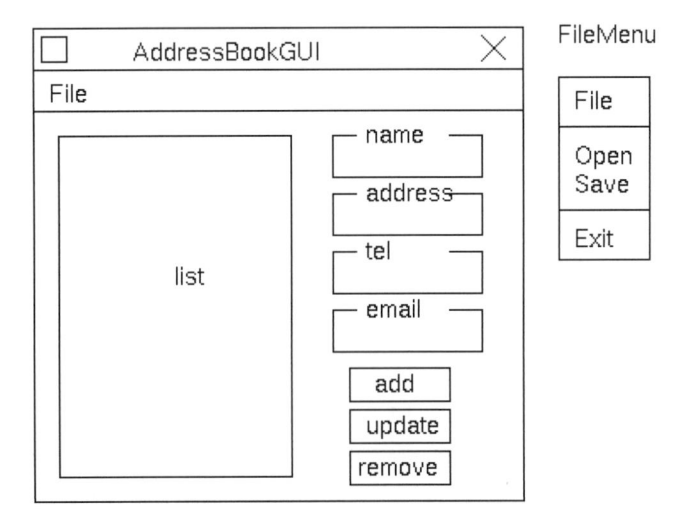

図14.1 AddressBookGUIの画面設計

図14.1にAddressBookGUIの画面設計を示す。

【仕様】
- リスト中の項目が選択された：選択された名前に対応するデータをテキストフィールドに表示する
- 「ファイル」→「開く」メニュー：ファイルダイアログが開き，デー

タファイルを指定してファイルを開くことができる。リストの項目を一度すべてクリアしたのち，ファイルから読み込んだ名前の一覧がリストに表示される

- 「ファイル」→「保存」メニュー：ファイルダイアログが開き，データファイルを指定してファイルに保存することができる
- 「ファイル」→「終了」メニュー：プログラムを終了する。ただし，実際にプログラムを終了する前にダイアログでユーザに確認をとる
- 「追加」ボタン：テキストフィールドに入力したデータをもとにアドレスを住所録に追加し，リストに名前が追加される。追加したのち，テキストフィールドはクリアされる
- 「更新」ボタン：リストボックスで選択されているアドレスデータを更新する。リスト中の項目が選択されていない場合は何もしない
- 「削除」ボタン：リスト中で選択された項目を削除する。ただし，実際に削除する前にダイアログでユーザに確認をとること。リスト中の項目が選択されていない場合は何もしない

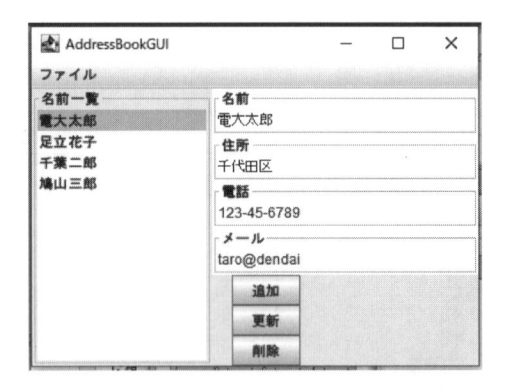

図 14.2　AddressBookGUI の実行結果

図 14.2 に実行結果を示す。図 14.3 に Address.java，図 14.4 に address.txt を示す。設計や実装の方法は複数考えられる。まず，仕様を満たすようにオブジェクト図で全体の構成をまとめよう。次にシーケンス図で動作を確認しよう。その後，AddressBookGUI の Java プログラムとして AddressBookGUI.java を作成しなさい。

余力のある読者は，利便性やデータの整合性の向上を図ってもよい。たとえば，「追加」ボタンを押した際に，いずれかのテキストフィールドが空の場合には何もしない。すでに含まれているアドレスの場合には追加しない。「更新」ボタンを押した際に，対応する名前が存在しない場合は何もしない。これらの場合に警告のダイアログを出してもよい。

```java
package ch14;

public class Address { // 個々の住所データ
    private String name;
    private String address;
    private String tel;
    private String email;

    public Address(String name, String address, String tel,
    String email) {
        this.name = name;
        this.address = address;
        this.tel = tel;
        this.email = email;
    }
    public String getName() {
        return name;
    }
    public void setName(String name) {
        this.name = name;
    }
    public String getAddress() {
        return address;
    }
    public void setAddress(String address) {
        this.address = address;
    }
    public String getTel() {
        return tel;
    }
    public void setTel(String tel) {
        this.tel = tel;
    }
    public String getEmail() {
        return email;
    }
    public void setEmail(String email) {
        this.email = email;
    }
    @Override
    public String toString() {
        String str = "anAddress(" + name + "," + address + ","
        + tel + "," + email + ")";
        return str;
    }
    public boolean equals(Address anAddress) {
        boolean ans = getName().equals(anAddress.getName())
            && getAddress().equals(anAddress.getAddress())
            && getTel().equals(anAddress.getTel())
            && getEmail().equals(anAddress.getEmail());
        return ans;
    }

    public static void main(String[] args) {
        Address myAddress = new Address("電大太郎", "東京都千代田区",
            "03-5280-XXXX", "taro@dendai.ac.jp");
        System.out.println(myAddress);
        myAddress.setAddress("東京都足立区");
        System.out.println(myAddress);
    }
}
```

図 14.3　Address.java

```
電大太郎 , 千代田区 ,123-45-6789,taro@dendai
足立花子 , 足立区 ,090-1234-5678,hanako@dendai
千葉二郎 , 印西市 ,0987-65-4321,jiro@dendai
鳩山三郎 , 鳩山町 ,06-7890-1234,saburo@dendai
```

図 14.4　address.txt

14.2　自由課題

　自分で，作成するプログラムの仕様および操作方法を決めなさい。作成するプログラムのポイントや工夫点，機能などについてのレポートを提出すること。すべてのjavaファイルも提出すること。これまでに出てこなかったコンポーネントなど自由に使用してよい。

　追加のライブラリなどを使用する場合には，どんなことができるライブラリで，どこから入手でき，どう設定するのかなどの情報もレポートに含めること。OpenJFX を使ってもよい。

まとめ

　本章ではGUIプログラミングの総まとめとなる演習を行った。

付録

　本書で学んだように，Swingを用いたGUIプログラミングでは，JFrameクラスを継承したクラスを作成し，メニューバーやツールバー，コンテントペインにさまざまなコンポーネントを追加してウィンドウを構成する。第1章の図1.3のように，FrameクラスまたはJFrameクラスを継承したクラスのインスタンスをルート（root）とする木構造（tree）を構成している。本付録では，ウィンドウを構成するコンポーネントの木構造を表示するプログラムを紹介する。

　構成を調べたいクラスの完全限定名を与えると，その構造を表示するプログラム，WindowSpyクラスを作成する。図A.1にWindowSpyプログラムの起動画面を示す。

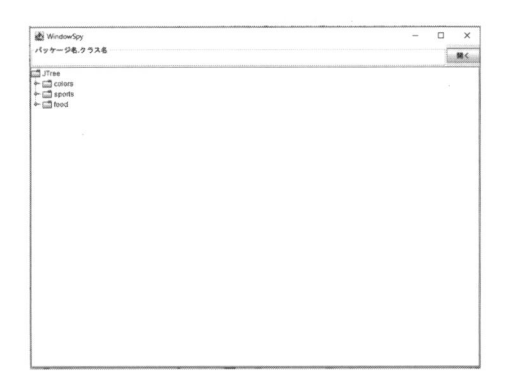

図 A.1　WindowSpy の起動画面

　上部にクラス名を入力するテキストフィールドと，そのクラス名のウィンドウを「開く」ボタンを配置している。メインコンテンツは木構造を扱うツリー（JTree）コンポーネントを配置している。起動時には，JTreeクラスにデフォルトで用意されているサンプルモデルが表示される。

　図A.2に示すように，テキストフィールドに解析したい「パッケージ名．クラス名」の形式で入力する。ここでは ch09.TextFieldTest01 を入力してみよう。

　「開く」ボタンを押すと，図A.3のように ch09.TextFieldTest01 の

図 A.2　クラス名の入力

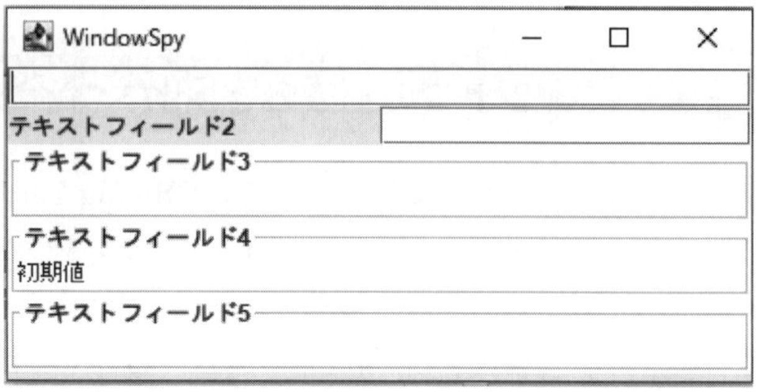

図 A.3　入力したクラスのウィンドウが開く

ウィンドウが開く。ウィンドウのタイトルはWindowSpyとなっている。

　ウィンドウが開くと，図A.4に示すように，ツリーが更新され，解析した結果が表示される。各ノードは，クラス名が表示され，その後の［　］内に属性が列挙されている。

　ch09.TextFieldTest01のオブジェクト図（図9.3）を図A.5として再掲する。

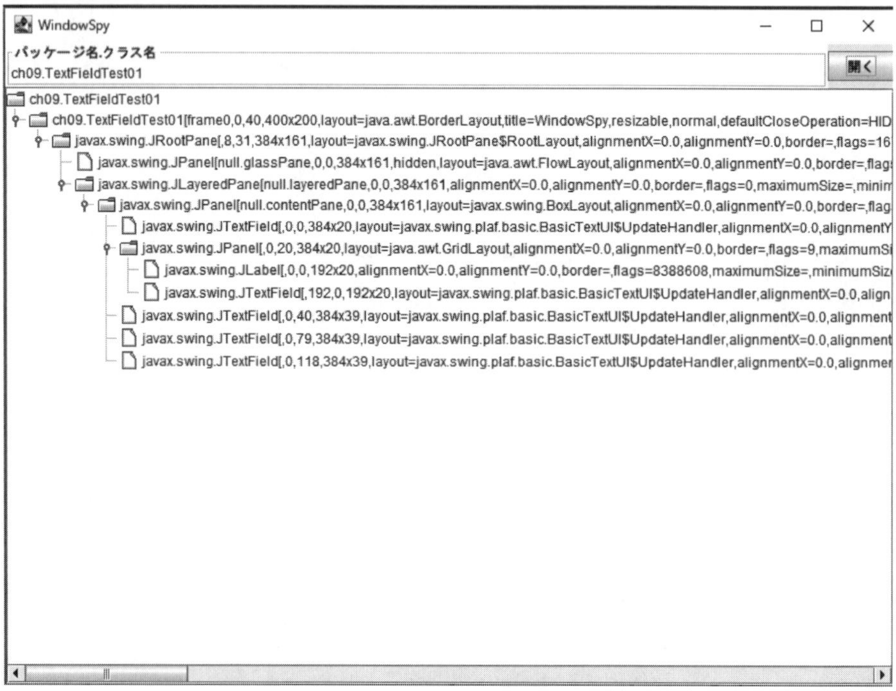

図 A.4　ウィンドウ構造のツリー表示

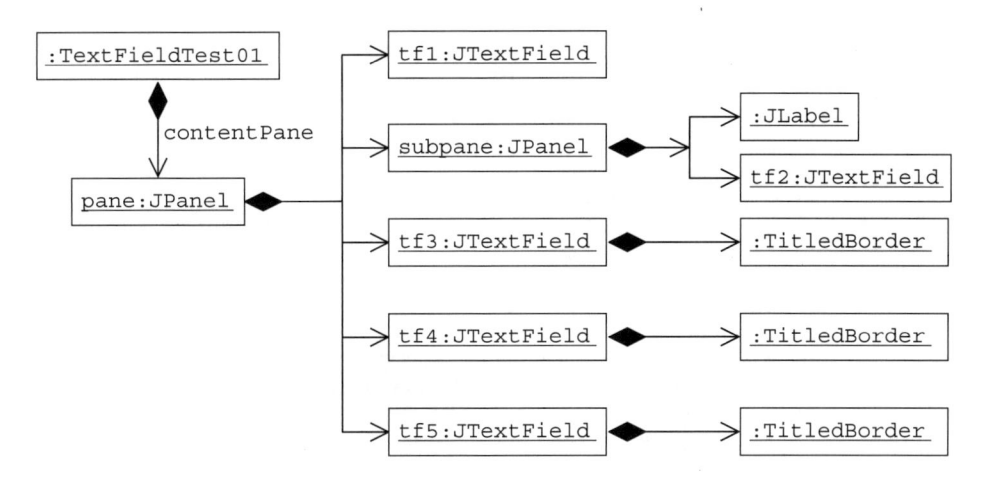

図 A.5 ch09.TextFieldTest01 のオブジェクト図（再掲）

　図A.4のツリーの6行目のJPanelコンポーネントが図A.5のJPanel
コンポーネントに対応する。図A.4と図A.5の対応関係をよく調べてみ
よう。ただし，WindowSpy プログラムで表示しているのはコンポーネ
ントのみである。また，ツールバーとメニューバーも表示できるように
している。ほかのサンプルクラスでも試してみよう。オブジェクト図を
描いたのちに，確認する手助けとして利用してほしい。

　図A.6に WindowSpy.java を示す。プログラムの詳細については省略
する。

```
1   package appendix;
2
3   import java.awt.BorderLayout;
4   import java.awt.Component;
5   import java.awt.Container;
6   import java.awt.event.ActionEvent;
7   import java.awt.event.ActionListener;
8
9   import javax.swing.Box;
10  import javax.swing.BoxLayout;
11  import javax.swing.JButton;
12  import javax.swing.JFrame;
13  import javax.swing.JMenu;
14  import javax.swing.JPanel;
15  import javax.swing.JScrollPane;
16  import javax.swing.JTextField;
17  import javax.swing.JTree;
18  import javax.swing.border.TitledBorder;
19  import javax.swing.tree.DefaultMutableTreeNode;
20  import javax.swing.tree.DefaultTreeModel;
21
22  public class WindowSpy extends JFrame {
23      JTextField tf;
24      JButton b;
25      JTree tree;
26      JFrame target;
27      DefaultMutableTreeNode root;
```

付録

```java
28      public static void main(String[] args) {
29          new WindowSpy("WindowSpy");
30      }
31      public WindowSpy(String title) {
32          super(title);
33          JPanel pane = (JPanel)getContentPane();
34          tf = new JTextField();
35          tf.setBorder(new TitledBorder("パッケージ名.クラス名"));
36          b = new JButton("開く");
37          Box box = new Box(BoxLayout.X_AXIS);
38          box.add(tf);
39          box.add(b);
40          pane.add(box, BorderLayout.NORTH);
41          b.addActionListener(new ActionHandler());
42          tree = new JTree();
43          JScrollPane sp = new JScrollPane(tree);
44          pane.add(sp, BorderLayout.CENTER);
45          setDefaultCloseOperation(JFrame.EXIT_ON_CLOSE);
46          setSize(800, 600);
47          setVisible(true);
48      }
49      private void addComponentName(Component c,
50          DefaultMutableTreeNode parent) {
51          String name = c.toString();
52          DefaultMutableTreeNode current
53              = new DefaultMutableTreeNode(name);
54          parent.add(current);
55          if (c instanceof Container) {
56          // コンテナはコンポーネントを持つことができる
57              Container cont = (Container)c;
58              Component[] components = cont.getComponents();
59              if (c instanceof JMenu) { // メニューもたどりたい
60                  JMenu menu = (JMenu)c;
61                  components = menu.getMenuComponents();
62              }
63              for (Component comp : components) {
64              // 子コンポーネントを再帰的にたどる
65                  addComponentName(comp, current);
66              }
67          }
68          return;
69      }
70      class ActionHandler implements ActionListener {
71          public void actionPerformed(ActionEvent ae) {
72              String targetName = tf.getText();
73              try { // クラス名からインスタンスを生成
74                  target = (JFrame)Class.forName(targetName).
75                      getConstructor(String.class).
76                      newInstance("WindowSpy");
77              } catch (ClassNotFoundException e) {
78                  System.out.println(targetName + "が見つかりません。");
79              } catch (Exception e) {
80                  e.printStackTrace();
81              }
82              if (!target.isVisible()) { // ウィンドウが可視化されていなければ
83                  target.setVisible(true); // 可視化する
84              }
85              root = new DefaultMutableTreeNode(targetName);
86              addComponentName(target, root);
87              tree.setModel(new DefaultTreeModel(root));
88              for (int row=0; row < tree.getRowCount(); row++) {
89              // ノードを展開表示
```

```
90              tree.expandRow(row);
91          }
92      }
93    }
94 }
```

図 A.6 WindowSpy.java

まとめ

　本付録ではウィンドウの構造を可視化するプログラムを紹介した。ツリー(JTree)コンポーネント，ツリーノード(TreeNode)のほか，木構造を再帰的にたどったり，本書では扱っていないJavaの機能も使用している。興味のある読者は，これらについても調べてみてほしい。

索 引

■■■ あ 行 ■■■

【著者紹介】

増田英孝（ますだ・ひでたか） 博士（工学）

学歴 東京電機大学大学院工学研究科電気工学専攻博士後期課程 修了
職歴 三菱電機株式会社 情報電子研究所
東京電機大学工学部電気工学科 助手
ParcPlace-Digitalk, Inc. Visiting Senior Software Engineer（丹羽記念会海外研修生）
東京電機大学工学部電気工学科 講師
同大学同学部情報メディア学科 講師
同大学同学部同学科 助教授
同大学未来科学部情報メディア学科 准教授
同大学同学部同学科 教授
現在 東京電機大学未来科学部情報メディア学科 教授

学生のための Java GUI プログラミング オブジェクト指向の実践

2024 年 12 月 30 日　第 1 版 1 刷発行　　　　　　　　　ISBN 978-4-501-55790-4 C3004

著　者　増田英孝
© Masuda Hidetaka 2024

発行所　学校法人 東京電機大学　　　〒120-8551　東京都足立区千住旭町 5 番
　　　　東京電機大学出版局　　　　　Tel. 03-5284-5386（営業）　03-5284-5385（編集）
　　　　　　　　　　　　　　　　　　Fax. 03-5284-5387　振替口座 00160-5-71715
　　　　　　　　　　　　　　　　　　https://www.tdupress.jp/

編集協力：（株）ベガプレス　　　組版：徳保企画　　　印刷・製本：三美印刷（株）
装丁：齋藤由美子
落丁・乱丁本はお取り替えいたします。　　　　　　　　　　　　　Printed in Japan